最新版

美容室「店《てん》販《ぱん》」の教科書

Yasuhiro Sato
佐藤 康弘

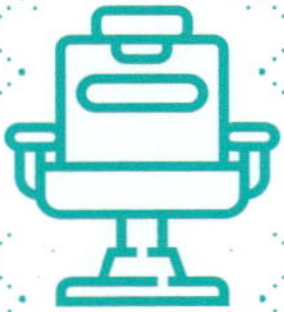

Beauty salon

同文舘出版

はじめに

本書は『美容室「店販」の教科書』の最新版（令和元年版）です。
今回は、大半の表現を令和時代に合わせてアップデートするとともに、新たなアプローチ術やセールスプロモーション、カウンセリングやトーク術に至るまで、多角的にノウハウを詰め込みましたので、気負わず、がんばり過ぎず、楽しみながら実践していただきたいと思います。

ここしばらくは時代背景もいいですし、今の美容師さんのレベルであれば、多少の労力と時間さえかければ、数字は飛躍的に伸びると思います。ただし、あらゆる取り組みについてお願いしたいのは、単発でやめることなく、継続していただきたいという点です。

美容室の店販は、新商品でも新企画でも、最初の1回目は盛り上がります（士気も高いし、好結果も出ます）。しかし、2回目、3回目をピークに、4回目以降は必ず落ちていきます。5回目ともなれば、盛り上がりはほとんど失われ、マンネリの中で苦しそうに取り組む美容師さんと、関心を失った美容師さん（企画内容すらわかっていない人までいる）が、キャンペーン中なのに低いテンションでサロンに存在するだけです。本部に毎日送っていたキャンペーン報告は滞るようになり、店長が久しぶりに「ロープレをやろう！」などと言おうものなら、店内は凍りつき、やる気を失ったペアによるロープレはまったく違う話に終始して、ついには商品と企画のダメ出しがはじまります。

もちろん、キャンペーンは残念な結果で終わります。

そして次回はと言えば……。

前回のマンネリを打破すべく、新たな商品に入れ替え、新たな企画を検討し、その甲斐あってか、1回目は復調します。しかし、2回目、3回目をピークに、やはり4回目以降は必ず落ちていきます。5回目ともなれば盛り上がりはほとんど失われ、またまた前回と同じ状況に陥ります。

美容家電に至っては、なんと2回目からこうなります。

実に、店販に取り組んでいる大半のサロンが、このような状況を繰り返しています。令和時代に突入したことですし、そろそろこのパターンに終止符を打ちませんか？

本書は、「売り逃がしを限りなくゼロにするキャンペーン企画」「マンネリ打破にも使えるバリエーション企画」「平常時のプロモーション（値引きなしでの販売企画）」についても詳しく解説しています。すべてを実施するのに1〜2年を要するほどのボリュームですが、ぜひとも取り組んで、サロンごとの「年間プロモーション計画」を作成していただきたいと願っています。

「店販企画」の最大の敵はマンネリです。

そこで、私は美容師さんに、次のように伝えています。

「『マンネリ』を乗り越えて、店販企画を『恒例行事』にしよう。『恒例行事』は持続的に行なうと『伝統行事』に変わるよ！」

本書が店販の新たな可能性を見出すきっかけになれば嬉しいです。

目次● 最新版　美容室「店販」の教科書

はじめに

1章

思い込みをぶっ壊し、ストレスフリー店販でハッピーな結果をつくろう

店販は本気でやらなきゃ損！　――経営的に店販をやったほうがいい7つの理由　12
次世代型店販とは？　――全身美容と健康への領域拡大と占有率アップを狙おう　20
店販で失客したという都市伝説　23
お客様の究極的なヘアの悩みとは？　26
お客様が買わない理由、買いたくても買えない理由　30
「売りコミ」より「口コミ」。共感トークを集めよう！　34
圧倒的な専門知識が信頼をつくる　38
セールスプロモーションは「買いやすさ」を演出すること　41

2章

店販のストレスをゼロにする魔法のコミュニケーション術

自然に店販の話ができるストーリーを手に入れよう　46
毛髪のカウンセリング　52
頭皮のカウンセリング　55
「おいくら？」と聞かれたら購入の可能性は高い！　60
スタイリング剤の提案方法と魔法のクロージング術　64
エイジングケアの提案方法　66
アップセルで固定ユーザーに導く　69
クロスセルで一気にライン使い　72
市販の商品とサロンユースの違いをどう説明する？　75
ネット販売への対抗プラン　80
提案のレッスン「ロープレ」の効果的なやり方　88

3章

季節をテーマにしたシーズナルアプローチ術

シーズナルカウンセリング 94
紫外線対策アプローチ 102
夏のダメージ徹底回復宣言 108

4章

単月最低100万円以上の売上があがる「予約販売」成功のコツ

美容室でキャンペーンを行なう理由 114
固定ユーザーに大人買いしていただくセールスプロモーション「予約販売」 117
販売を成功に導く4つの〝限定〟 121
「予約販売」が成功するシーズンとは？ 124
「予約」してまでも「欲しい」と思ってもらえる商品づくり 127

「予約販売」に最適な価格設定 130
申し込むとさらに欲しくなる予約申込金制度 133
何と言ってもお得感は購入の大きな動機になる 138
予約販売の企画集① まとめ買い応援企画 141
予約販売の企画集② 大容量ボトル（レフィル）の売り方 144
予約販売の企画集③ 自由選択型福袋 147
予約販売の企画集④ 金券や回数券と併せたパッケージ商品 154
予約販売の企画集⑤ カスタマイズ予約 156
最新型特典のつくり方 160
受付に「行列パワー」を仕掛ける！ 166
予約販売企画時のＮＧ集 172
ラクなのに〝ぶっちぎり〟の購入比率を実現する
「もれなく当たるキャンペーン」 177
「もれなく当たるキャンペーン」商品紹介のコツ 182

5章
高額品にも挑戦！美容家電の店販
高額美容家電の店販例 高性能ドライヤー 186
高額美容家電の店販例 ヘッドスパマシン 189
高額美容家電の店販例 脱毛器 193
高額美容家電の店販例 美顔器 198

6章
店販と仲よくつき合おう
「私達は物売りじゃない」という思考から卒業しよう 204
10人中8人に断られても購入比率20％達成！ 208
「高い商品＝悪」ですか？「プライス」に負けない美容師になろう！ 211
美容師さんは押し売りしてる？ 215

ご紹介できるだけでありがたい！　219
最高の断られ方を見つけよう！　222
「しなければならない」ではなくて「してあげたい！」　227

カバーデザイン　春日井恵実
本文デザイン・ＤＴＰ　マーリンクレイン

1章

思い込みをぶっ壊し、ストレスフリー店販でハッピーな結果をつくろう

店販は本気でやらなきゃ損！
——経営的に店販をやったほうがいい7つの理由

本書のはじまりとして、店販を最大限、積極的にやったほうがいい「7つの理由」をお伝えするところから、まずは進めていきます。

1　時間投資がいらない（資格習得、技術習得、スクーリングが必要ない）

2　設備投資がいらない（改装や装置、機械などの設備を整える必要がない）

3　人的投資がいらない（新たに人を雇用する必要がない）

4　能力開発がいらない（美容師さんはすでにその能力を持っている人が多い）

5　埋蔵量が豊富（時代背景も後押ししている）

6　再来に守られている（技術と人間関係で堅実なリピートがある）

7　他社サロンと競合しない（サロン同士での顧客の奪い合いがない）

さっそく1から詳しく解説します。

1　時間投資がいらない（資格習得、技術習得、スクーリングが必要ない）

技術的なサービスは、その技術を習得し、サービス提供に至るまでに多くの時間投資が必要ですが、店販サービスは美容師さんが「商品特性」を理解し、「使用感」を把握し、「使用前・使用後の質感の変化」を体感し、「商品がフィットする対象者」を見極められたなら、その日からでも開始することができます。

2　設備投資がいらない（改装や装置、機械などの設備を整える必要がない）

店販のご提案には特別な設備や機械は必要ありません。商品を体験してもらう際の「デモンストレーション技術」と、「コミュニケーション力」があれば十分です。そして大半の美容師さんはその能力を持ち合わせています。なお、「マイクロスコープ」や「髪質・肌質診断」などの機械はあったら便利ですが、ないからといって不利だとは言い切れません。

3　人的投資がいらない（新たに人を雇用する必要がない）

新たな販売のスペシャリストをスカウトする必要はありません。むしろそのような人よりも、美容のプロであり、いつも担当してくれる大好きな美容師さんから提案されたいし、買ってあげたいと望むのが固定客のお客様です（※大好きの対象が「店」の場合、そのサロンの誰から提案を受けても前向きに検討してくれます）。

4　能力開発がいらない（美容師さんはすでにその能力を持っている人が多い）

美容師さんの中で、店販を提案する能力がない、あるいは弱い人がいるとしたら、次の2つの要素を同時に満たしている人に違いありません。

◎自分がきれいになる（お手入れする）ことが好きじゃない
◎お客様をきれいにすることが好きじゃない

そんな人いるのかな？　と疑わずにはいられませんが、少なくとも男性はその性別上、自分の美への投資が弱い傾向にあるため（男性は美への範囲が狭く、年間支出額では女性の5分の1程度ということも珍しくない）、店販が苦手な人の割合が多いと感じます。なお、自分自身の美に積極的に投資していると、お客様との共感が生み出され、「売り手」と「買い手」の垣根を超えた同志的関係（美容好き仲間）へと発展します。

このような現実を踏まえ、店販提案にとって根源的な能力を再確認してみましょう。

それは、男女問わず、

◎自分がきれいになる（お手入れする）ことが大好き！
◎お客様をきれいにすることも大好き！

この2つを同時に満たすことだと言えるでしょう。

◇5　埋蔵量が豊富（時代背景も後押ししている）

2019年を起点に、5〜10年間は「美容と健康に関する商品売上」を、これまで以上に伸ばすことが可能だと分析しています。その理由は次の通りです。

第一に、満30歳以上の人口が多いことで（2019年7月現在　約9218万人：総務省統計局)、「エイジングケア」、「健康食品(サプリを含む)」・「美容と健康グッズ」の需要が活発です。日本はまさに総人口の大半が「エイジング&健康増進世代」と言えるでしょう。これは人口が多いという単純な理由ではありません。なぜなら、たとえば1億人の人口があっても、その大半が15歳未満であった場合、加齢を原因とした美容と健康の需要は早々には期待できません。しかし日本は、将来的な高成長は疑わしいものの、現時点では大多数のエイジング世代によって、当面の間、安定した需要が続くことが想定されます。

第二に、団塊ジュニア世代(第二の人口ボリュームゾーン)の子育てが終了し、家庭に残る可処分所得(自由に使えるお金)は増えることが予想されます。一般的に家計支出の決定権は女性が持つ場合が多いことから、特に女性受けする業界は恩恵を受けやすいと言えるでしょう。

なお、女性が自由に使えるお金を手にしたとき、使途の上位には、「貯金」「美と健康」「おいしい食べ物」「旅行」が入ります。したがって、美容師さんが「美と健康」への領域を拡大すれば、取りこぼすことなくこの恩恵を得ることができます。

第三に、女性の晩婚化も美容の市場規模を押し上げます。仕事にも遊びにもエネルギッシュに取り組み、経済的にも豊かで、時間の自由もききやすく、美への投資も積極的な女性が増えることは、美容界にとって心強い味方です。

第四に、男性の女性化です。最近では、男性に対する「女子力が高い！」という評価はほめ言葉として使われます。逆に「女子力が低い」は、「もうちょっと気にしたら？」という努力目標的な意味合いを持ちます。今の世の中は、女性が好み、女性が価値として感じる「コト」や「モノ」が指標となり、それを同じように価値と感じる男性が急速に増えています。これも美容界にとっては追い風となっています。

第五に、日本人の美意識の高まりです。「アイ」「まつ毛」「眉毛」「リップ」などのパーツケアから、「歯のホワイトニング」や「オーラルケア」「デオドラント」などの「エチケット系」に至るまで、ありとあらゆるビューティが普及しています。アウタービューティ（外見）だけでなく、インナービューティ、インナーヘルシーも一般化し、今後も新たな美のカテゴリーが開発され続けることは間違いありません。

第六に、人口の最大のボリュームゾーンである「団塊世代」の女性がエネルギッシュで若々しく、きれいだということです。この世代の女性は人生のあらゆる時期に日本の消費をけん引してきてくれましたが、今後もしばらくの間はその元気とパワーで美と健康の分野を盛り上げてくれそうです。

6 再来に守られている（技術と人間関係で堅実なリピートがある）

たとえば「積極的に提案した店販商品がお客様の好みに合わなかった」としても……、簡単に失客につながることはありません。なぜなら、美容室のお客様は「技術とデザイン」、そして「人間関係」という「2大要因」によってリピートしているからです。これは「前回勧めてくれたシャンプー、私の髪には合わないみたい」などと、**リピートしたうえで**話してくれるお客様が〝普通〟に存在することからもわかります。

これがもしも「物販専業のショップ」だったとしたら、「気に入らない＝失客」と直接結びつき、二度と同じ店で買うことはないでしょう。美容室の店販は、「2大要因」によって安定的に守られているため、再チャンスの機会が何度も与えられます。

7　他社サロンと競合しない（サロン同士での顧客の奪い合いがない）

店販は技術売上と違い、お客様の奪い合いになりません。仮に自店の店販売上が倍になったとしても、近隣サロンの店販売上が落ちることは決してありません。店販におけるシェアの奪い合いはあくまでも市販品との戦いであり、サロン間の戦いにはならないのです。

私が「店販支援」を続ける最大の理由がこれです。つまり、全美容業界を同時にハッピーに導くことができる唯一の収益分野なのです。たとえばこれが「集客支援」となると、ひとつのサロンが客数を伸ばしたその陰で、お客様を奪われるサロンが生まれてしまいます。過当競争が激化する美容界において、客数の奪い合いでは全美容業界を同時にハッピーにすることは難しいのが現実です。

さて、これだけ有利な条件がそろっているのですから、機は熟しています。そろそろ「店販」を収益源として認め、積極的に取り組んでみませんか?

私の提案する「がんばらない店販」「楽でハッピーな店販」は、美容師さんが嫌がることは何もさせませんので、本当に安心して取り組んでいただけると思います!

次世代型店販とは？
——全身美容と健康への領域拡大と占有率アップを狙おう

次世代型店販とは、ひとりの女性が1年間に使う「美容」と「健康」への年間総支出額のうち、あなたの美容室が担当する独占割合を上げていくことを意味します。

左の図で表わしているように、女性はアウター（容姿・外見）、インナー（体内）にかかわらず、ありとあらゆる美容と健康に気を使います。ダイエットひとつとっても、今では単に痩せるだけでなく、専任のパーソナルトレーナーをつけてエクササイズやトレーニングを行ない、自分が望むプロポーションをつくり、保つことも一般化しています。

また、年齢を重ねるにつれて、美とともに健康のための支出が増える傾向にあります。これは健康食品の売上が年々増加しているという統計からもわかります。団塊の世代に次ぐボリュームゾーンである団塊ジュニア世代が間もなく50代を迎える今、エイジ美容師は「美と健康のトータルコンサルタント」

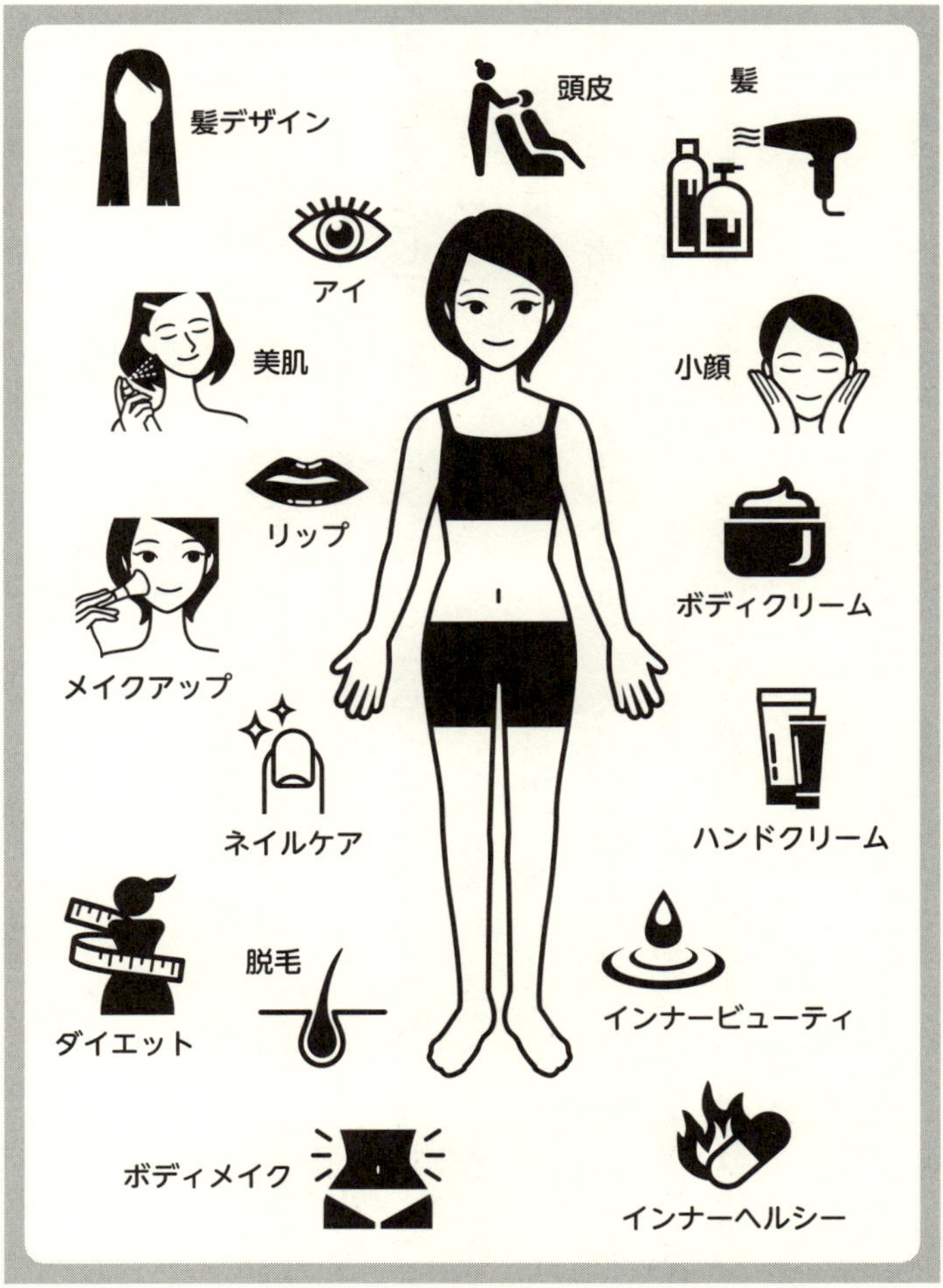

ングケアと並び、健康維持・増進のための支出はさらに増加することが期待できます。実際に、全身美容と健康に気を配る美意識の高いお客様は少なくなく、「年間総支出額が50万円オーバー」の方も珍しくありません。

さて、私は美容師さんこそが美と健康の全領域を担当することが望ましいと考えている人間です。だって、そもそも美容師さんは、容姿や人への印象を決定づける**「ルックス」の専任担当者として、定期的にメンテナンスやイメチェンを任されています。**これは一人ひとりのお客様にとって、唯一無二の存在と言っても過言ではありません。それに、お客様は美と健康へのあらゆる投資について、信用のおける「専門家」に相談したうえで購入したいと潜在的に望んでいます。そしてその重責を担える適任者は、美容師さん以外に考えられません。だからこそ美容師さんは、**「美と健康の全領域が私の仕事だ！」**と自覚し、サロンに来ればすべての願望が満たされる**「ビューティコンサルタント」**に就任して欲しいと願わずにはいられません。

その結果、「占有率１００％」を達成できたなら、ひとりのお客様で年間50万円もの売上を勝ち取れる可能性は十分にあります。

店販で失客したという都市伝説

「店販を売ったら失客した」

ひと昔前に平然と言われていた、店販をやらない理由の筆頭格です。最近では言う人が少なくなりましたが、潜在的にこの思考が居座り、知らぬ間に店販活動にブレーキをかけたり、リミッターとなってエネルギーを削いでいるのではないかと心配です。

そこで、店販をしても失客にはなりえないことをこれから解説しますので、この「都市伝説」を意識から葬り去ってしまいましょう。

失客について考えるときに大切なのは、対極に位置する「再来」です。まずは再来の理由から考えてみましょう。

1　技術・デザインが気に入っている（思った通りにしてくれる）

2　あなたが好き（フィーリングが合う）、信頼できる、尊敬できる

メインサービスである「技術的なサービス」と「人間関係」、再来がこの２つの要因によって決定されているとするなら、「失客」はその反対のことを疑ってみる必要があります。つまり、失客の直接的な理由とは、「技術的なサービスの失敗」と、「お客様との関係性の崩壊」によって発生します。率直に言って、**店販ごとき**が美容師さんとお客様とのつながりを断ち切れるわけがありません。


このようなことを私が口にすると、次のような意見をいただくことがあります。

「でも佐藤さん、『しつこく・強引に・無理に』勧めたら、やっぱり失客につながりますよね！」と。

なるほど、だからやっぱり店販で失客する可能性はあると言いたいわけですね。

でも、私はこのような意見に対して、一刀両断で次のように答えます。

それは違いますよ。メニュー提案でも、スタイル提案でも、来店予約でも、どんなご提案でも、お客様は、「しつこく・強引に・無理に」勧める人を絶対に好きになれませ

ん。好きな相手だとしても、会うたびにこれを繰り返されたら、顔を合わせるのが嫌になってきませんか？　嫌いになる場合もあるし、これ以上嫌いになりたくないから冷却期間を置こうと考える人もいます。これは、どちらにしても失客を意味しますよね。つまり、このような流れで失客は現実化されているのです。

これまで、店販を積極的に行なうと失客する、などとぬれ衣を着せられてきましたが、実は「技術的サービスの失敗」、そして「お客様との関係性の崩壊」によって失客は起きるのです。

ここであらためて考え直さなければならないのは、**「人が嫌がることをしてはいけない」**ということであり、**店販と失客とは直接的な因果関係はない**ということです。まことしやかに言われ続けてきた、店販によって失客するというのはやはり「都市伝説」です。「しつこく・強引に・無理に」勧めない店販は、ハッピーなドラマをたくさん生み、不幸な結果を生むことは滅多にありません。それでも疑いが消えない場合には、店販が最も売れないときの再来率と、最も売れたときの再来率を比較していただきたいと思います。データがそれを証明してくれるに違いありません。

お客様の究極的なヘアの悩みとは？

「あなたの髪の悩みは何でしょうか？」

アンケート調査でよく見かける問いですね。これに対する代表的な回答は、左ページのようなものではないでしょうか。


実は、これらの回答をひと言でまとめることができます。それは、**「今日の髪、気に入らない！」「今日の髪、何か嫌」**です。

外出する際に自分のヘアスタイルが気に入らないと、どんな気分になるでしょうか？

それは「憂鬱」のひと言に尽きます。髪型が嫌だと、「憂鬱な1日が確定」します。

そして多くの人は、1年のうち何日間、この憂鬱な日を送っているのでしょうか？

私自身、自分の髪型をつくるのが下手なので実感があるのですが、美容室に行ってか

代表的な「髪の悩み」

- □ くせが気になる
- □ うねりが気になる
- □ 広がりが気になる
- □ ダメージやパサつきが気になる
- □ 白髪が気になる
- □ ハネる
- □ 切れ毛・枝毛が気になる
- □ 抜け毛が気になる
- □ ボリュームが気になる
- □ スタイルが長持ちしない
- □ 髪の毛が細い
- □ ツヤがない
- □ ハリ・コシがない
- □ スタイリングしにくい
- □ スタイリングの仕方がわからない

ら40～50日ほどたつと、立ち上がりが伸びてしまうからなのか、スタイリングがしにくくなります。これを来店サイクルが3ヶ月（90日）に1回のお客様に置き換えてみると、実にその半分は気に入らない髪型であり、憂鬱な日を送っていることになります。

では、この問題を解決するにはどうしたらいいでしょうか？

それは、第一に美容師さんに再現性の高い「デザイン」をつくってもらうことからはじまります。これで日々のスタイリングは間違いなく「気に入りやすく」なります。ただ、明日からは自分でスタイリングしなくてはいけないので、担当美容師さんから日々のスタイリング方法について、しっかりと「レクチャー」を受ける必要があります。

それでもお客様としては、スタイリング技術に不安が残ります。そこで、**気に入ったデザイン・質感を再現するため、またはデザインを1日持たせるため**に何らかの道具が必要となります。でも、どんな道具が自分に最適なのかが、いまいちわかりません。

そんなとき、担当美容師さんがスタイリングの仕方をレクチャーしながら実際にやって見せてくれたら、「この道具を使えばいいんだ！」と理解することができます。

ただ、それでも髪質の問題なのか、思う通りにコントロールしにくかったのだけど、サロントリートメントをしてもらうと、しばらくは思い通りにコントロールできることに気がつきます。そのとき、担当美容師さんは、気に入ったデザイン・質感を再現するために、「インバスのヘアケア」を質感コントロールの道具として使うことを教えてくれました。日々の質感はアウトバスやスタイリング剤によってコントロールできるけれど、望む質感をつくるには、「浸透型」の道具が必要だと教えてくれました。試しにそれを使ってみると、日々のスタイリングが「思い通り」にできるようになりました。その後も、デザインによっては、アイロンやコテやホットブラシという道具を使うことで、**早く、簡単に、楽に**髪型をつくれるようになりました。

このストーリー、いかがでしょうか？

ここであらためて確認していただきたいことは、店販とは、お客様の毎日のキレイのための「道具」をプロの目で選んで差し上げる「親切」や「サービス」だということ。つまり美容師さんにとって、喜びの仕事に変換することができるんだということです。

お客様が買わない理由、買いたくても買えない理由

「カット&カラー」で定期的に1万円程度を使える人で、毎日の暮らしに困るほどお金に不自由している人は、滅多にいないはずです。もしも本当に生活に困っているのであれば、格安店でカットして、ホームカラーをするはずだからです（これなら合計1700円程度でカット&カラーができます）。ですから、美容室に来店するお客様は、たとえば3000円程度の商品なら、金銭的に買えないことはありません。

ではなぜ、「金銭的には買えるのに、実際には買えない」ということが起きてしまうのでしょうか。そこには3つの理由が存在します。

お客様が「買えない」理由1　「紹介されない」

ひとつ目は「紹介されないから買えない」です。紹介というと、美容師さんは商品の

スペックや効果・効能をプロの目線で解説しがちです。しかしお客様は成分には興味がありません。それよりも使用時の具体的な効果を知りたいのです。たとえば、こんなことを感じているお客様がいたとします。

「私はもともと毛が多くて、ボリュームが出すぎて困っていたんだけど、40歳を過ぎてから逆にベタッとなってきて、年取ったのねと内心ショックで……。トップにボリュームがないと顔が大きく見えちゃうし、どうしよう。それとなく、髪が扱いにくくなったという話は美容師さんにしているんだけどなぁ」

さて、そんなお客様に対して、あなたならどうしますか?

「そう言えば、ふんわり感を出せるシャンプーがあるんです。毛穴がぎゅっと引き締まる成分が入っていて、たとえば植木も、根元の土が緩いと木はぐらぐらして倒れやすいけど、根元の土がぎゅっと締まっていると木も倒れにくいですよね。それと同じような感じで、このシャンプーには髪の根元を引き締める効果があるので、たとえばこのように紹介すると、お客様にとっては悩みが解決する可能性があるわけですから、自然と興味が湧いてきます。数万円と言われたらさすがに躊躇するかもしれませんが、3000円程度なら買えそうです。

つまり、紹介するのは商品ではなく、「使用することで、どんな状態がどのように改善するのか？」だったのです。使ったことで得られる「結果」を紹介されると、お客様は共感して欲しくなっていくのです。

お客様が「買えない」理由2　「体験させない」

2つ目のお客様が「買えない理由」は、体験させないということです。「理屈ではよさがわかったんだけど、実際に使ってみないと……」と慎重なお客様もたくさんいます。そんなとき、「今、実際に使ってみますね！」と体感させてもらえたら、お客様が欲しくなる可能性は高まります。

美容室は「体験」こそが最大の強みなのです。

お客様が「買えない」理由3　「口コミしない」

3つ目のお客様が「買えない理由」は、口コミしないということです。

「髪の広がりに悩んでいた私が使った結果、収まりがよくなった」とか「店のスタッフのあの子もパサついた髪質だったけど、この商品に替えたらすごく扱いやすくなった」とか、「ニキビ肌の悩みを相談されたのでこの化粧水を紹介したところ、劇的に改善した」など、使った人の実際の喜びの声を口コミとして伝えると、同様の悩みを抱えているお客様は興味が湧きます。

「興味」は自分が使ってみたときの「連想」につながり、そこで好ましいイメージが湧くと、「欲求」に発展します。この心情的な流れを「購買心理」と言い、私はすべての提案方法やトーク術に取り入れています。

「口コミ」は店販に素晴らしい結果をもたらすので、次項で詳しく解説します。

「売りコミ」より「口コミ」。共感トークを集めよう！

ブログやSNSなどのソーシャルメディアが普及したことで、「口コミ」はさらにパワーを持つようになりました。ホテルの予約や買い物をする際には、「利用者レビュー」や「評価コメント」を参考にすることが当たり前になっているのではないでしょうか。

もちろん、信用できる知人からの「生の口コミ」も、相変わらず影響力は絶大です。

さて、営業には、次の2種類の展開方法があります。

1 「あなたはこれを使用すればキレイになれますよ！」という「提案型」プレゼン

2 よさや効果を使用者（ファン）の意見としてお伝えする「口コミ型」プレゼン

「提案」と「口コミ」は似て非なるプレゼン手段だと考えることができます。

「提案」や「セールス」には、「買うか、買わないか」など、何らかの回答を突きつける要素が含まれますが、「口コミ」にはまったくそれがありません。

つまり「受け入れるか？　受け入れないか？」という答えを要求されるのが「提案」や「セールス」だとすれば、単に使用者の意見や感想を伝えるだけでその役目を終えるのが「口コミ」だと言えるのです。

単なる感想でも、それが魅力的なものであれば、つい「欲しくなってしまう」のが女性であり、お客様です。言わば、決して「断られない」のに「買ってもらえる可能性がある」という点が、「口コミ」のすごさなのです。

このプレゼン術を磨かないのは、あまりにもったいないと私は思います。

「店長が〇〇の理由でこのアイテムを使用しているのですが、すごく改善したって言っていました！」

「お客様が〇〇の理由でこのアイテムをご購入されたのですが、先日来店されたとき、びっくりするくらい効果があったと喜んでいらっしゃいました！」

このようなフレーズなら、どなたでも簡単に言うことができるでしょう。
「口コミトーク」は、次の5種類で展開することができます。

「○○という商品を使ったことで……」
①自分のどんな状態（希望）が、どのようによくなったか（叶ったか）を口コミする
②スタッフのどんな状態（希望）が、どのようによくなったか（叶ったか）を口コミする
③お客様のどんな状態（希望）が、どのようによくなったか（叶ったか）を口コミする
④有名人のどんな状態（希望）が、どのようによくなったか（叶ったか）または、どこを気に入って使っているかを口コミする
⑤メディアでどのように取り上げられているかを口コミする

これら5種類の口コミを手に入れると、自然な会話なのに影響力のあるプレゼンを「どなた」でも「すぐ」にはじめることができます。さっそく、口コミトーク集をつくりましょう！

自然な会話なのにお客様が買いたくなる「口コミトーク術」

口コミの種類

1. 自分が使用したことで得られた結果
2. スタッフが使用したことで得られた結果
3. お客様が使用したことで得られた結果
4. 有名人が使用したことで得られた結果
5. メディアの宣伝（SNS・雑誌・映像）

オージュア（フィルメロウ）をお勧めするなら

どんな状態が （どんな願いが）	どのように改善？ （どのように叶った？）
髪のゴワつきが	柔らかくなり 手触りがよくなった
髪の硬さが	柔らかくなり 指通りもよくなった
コテ・アイロン・縮毛矯正を繰り返していた髪のゴワゴワ感が	柔らかくて手触りのいい質感になり、収まりもいい感じに！

圧倒的な専門知識が信頼をつくる

「自分が使ったことのない商品」「効果がいまいちわからない商品」「どんな人に合うのかがわからない商品」「どんな成分で構成されているのかわからない商品」をお勧めしなければならない状況に置かれると、苦しくなりませんか？

でも、他の業種を考えてみてください。

たとえば高級車や高級ブランドの販売員は、自社の商品を愛用していなくても平然とお客様にお勧めすることができますし、百貨店のスタッフも自分が愛用、使用しているかどうかとは無関係にセールスすることができます。

美容師さんは基本的に、根が正直で嘘がつけない職業人なんだと思います。

そこで私はあらゆるケースに対応できるよう、美容師さんに次の準備をしていただいています。

商品ごとに「売りとなる特性」と「売りの根拠となる成分や特徴」を2つずつピックアップし、1分程度で語れる「トークスクリプト（台本）」を作成する。

◯技術のついでに勧められる店販

お客様にヒアリングすると、店販は「技術」の〝ついで〟に行なわれる行為に見えるようです。しかし、〝ついで〟にしては価格が高くて買いにくいとも言います。

実際のところ、市販価格の5～10倍の商品を提案するわけですから、〝ついで〟ではなく、お客様の毎日の美しさに本気で取り組む姿勢が求められるのではないでしょうか？　そのため、商品への専門知識、使用感、対象となるお客様、季節変動やデザインとの関連性まで研究しておくことが大切です。

この努力と時間的投資が、堂々とした店販提案となり、お客様からの信頼につながると私は思います。

提案の理由とその根拠&お勧めトークスクリプト

提案名	売りとなる特性	売りの根拠
フィルメロウ	1　コテ・アイロンを使う方の代表的質感である、ゴワつき、髪の硬さを柔らかく、ふんわり、手触りのよい質感に！	加熱によって硬くなった髪のたんぱく質に、ウレア誘導体が働きかけ柔軟作用が。
	2　「縮毛矯正」を繰り返した方の悩みである、ゴワつき、髪の硬さを柔らかく、手触りのよい髪の質感に！	加熱によって硬くなった髪のたんぱく質に、ウレア誘導体が働きかけ柔軟作用が。
トークスクリプト	このアイテム、毎日コテ・アイロンを使っている方の専用ケア剤として開発された、「フィルメロウ」というシリーズなんですが、ちょっとだけご紹介しますね。 特に硬くなった髪を「ふんわり柔らかい」質感に変える能力に優れているんです。 髪の毛はたんぱく質でできているのですが、たとえば「卵」は熱を加えると固まるじゃないですか？　それは、たんぱく質が熱によって変化するからなんです。 実は髪の毛もコテやアイロンで繰り返し熱を加え続けると、熱によって徐々に髪が硬くなったり、ゴワつきなど手触り感の悪さにつながるんです。 フィルメロウは、硬くなったたんぱく質を人体に元々存在する「ウレア誘導体」という保湿成分がしっかり保湿して柔らかくしてくれるんです。 バラの香りも好評で、香り目的だけで購入されるお客様もいるほどです。 硬さやゴワつきを解消するアイテムなので、○○様が好まれる質感に合ってると思います。一度試してみません？	

セールスプロモーションは「買いやすさ」を演出すること

この章では店販をはじめる際の基本、そして再確認していただきたいことをお伝えしてきました。ベースがしっかりしていないと、具体的な手法は機能しないので、必ず押さえていただきたい内容です。

さて、1章の締めくくりとして、「セールスプロモーション」の必要性と、そのバリエーションについて紹介しておきたいと思います。

実は、サロン経営には、「セールスプロモーション」の概念がありません。その結果、美容室で販売企画と言えば、「予約販売」と「福袋」、つまりリピーター向けの企画ばかりが展開されているのが実情です。

しかし、セールスプロモーションには、少なくとも次の4種類があります。

①愛用者へ向けたリピート企画
②愛用者へ向けたライン使いの企画
③新規購入者へ向けた企画
④プレゼント用途の企画

2章以降ですべての手法について解説していきます。本書を読み終えたら、今後はどの対象者に向けて、何を提供したいのかを考え、最適な手法を選択するようにしていってください。

キャンペーンとは奉仕活動だった！

ここで言う「セールスプロモーション」とは、企画の組み方やその見せ方を指します。

「キャンペーン」に代表される販売企画の狙いとは、ズバリ**買いやすさ**です。

値引きなしでの通常販売は、美容師さんへの好意を背景として、そこに「期待」や「必要性」が加わることで受け入れられます。つまり、お客様の「願望」と「必要性」が高まったとき、お金が投資されます。

しかし、その「願望」と「必要性」から購入されるのは、「適量サイズ1本」に過ぎません。2本目や大容量ボトルとなると、「適量」を越えてしまうのです。必要な商品を、必要なときに、必要なだけ購入する場合、最低本数の購入が基本となります。

ところが、「いつなくなっても困らないよう、買い置き分も欲しい」「何度も買いに来るのが面倒なので、大きなサイズにしたい」「家族みんなで使いたい」「シリーズを全部使ってみたい」「家族や友達にプレゼントしたい」「気分によって使い分けたい」「季節や髪型で使い分けたい」「実家やジムのロッカーにも置いておきたい」などとお客様が考えた場合、複数購入やセットでの購入、大容量ボトルの購入が検討されます。

販売企画とは、このような「お客様の内なる願望」を叶えてあげるために、サロン側が利益を削って購入の機会をつくることを意味します。

したがって、「キャンペーン」とはサロン側が売りたいから企画するという発想は間違いです。そういう発想だとキャンペーンの売上は徐々に減少し、スタッフが店販キャンペーンに嫌悪感を抱くようになります。

店販キャンペーンとは、サロンの売上確保のために企画するのではなく、あくまでも、お客様に対する「買いやすさ」の提供が主な目的です。そのため、サロンの利益を削ってでも喜んでもらいたいという、「奉仕」の気持ちを形にした企画であることが大切です。お客様のさらなる喜びのために利益を削って企画したということなら、スタッフも「物売り」の気持ちにはならないでしょうし、「この機会にぜひ！」と、心からお伝えすることができます。

スタンスを間違えたキャンペーン企画は、お客様のために行なう奉仕の店販ではなくなり、お店都合とも言える自分本位の店販になってしまうので、キャンペーン前に企画意図を再確認しましょう。

次章から、具体的なセールスプロモーションをご紹介します。

2章

店販のストレスをゼロにする魔法のコミュニケーション術

自然に店販の話ができるストーリーを手に入れよう

店販はどうして難しく感じるのか？

店販に対して美容師さんが苦手と感じることを調査すると、次の点が挙げられます。

・どのタイミングでお客様に提案したらいいかわからない
・商品の話を切り出すきっかけがつかめない

というのも、美容室にはお客様の来店からお帰りまでの流れの中に、「店販」のご紹介のための時間やシチュエーションが組み込まれているわけではないので、自分でそのタイミングやきっかけをつくらなければならないことが、店販を難しくしている理由として挙げられます。

何の脈絡もない話から、「ところで……鈴木さん、シャンプーは何をお使いですか～？」なんて話が変化したら、お客様は「私に何かを売ろうとしているぞ～」と身構えてしまうでしょう。

なぜなら、ほとんどのお客様は「技術的サービス」を受けるために来店しているわけで、「商品購入を目的に来店した」というお客様はごくわずかに過ぎません。

つまり、そもそもの来店目的になかった店販の提案に何となく違和感を覚えてしまうのは、自然なことなのです。

さて、そんな皆さんへ朗報です。私が検証と実践を繰り返した結果、「商品を提案する自然な流れ」をつくり出すことができました。

次のページの一連の流れをご覧ください。

①は、施術する上で美容師さんが「必ず見ている通常のポイント」をあらためて口にするだけのことです。皆さんは髪質や頭皮の状態を診断の上、「薬液の選択と調合」「塗布など施術上の注意」「放置タイムの検討」「シャンプー時の強弱」「前処理やトリートメントのお勧め」「保護や鎮静効果のあるクリーム等の使用」などを検討していること

商品を紹介する自然な流れ

①（カウンセリング中、本日のメニューを最終定決定する前）
「施術に入らせていただく前に、今日の『頭皮』と『髪』の状態を見させていただきますね」と言ってお客様の後ろ側に立ち、頭皮の硬さと地肌、そして毛髪の診断を開始

↓

②頭皮・毛髪の診断結果を柔らかい表現でお伝えし、共有する

↓

③どのような回答をいただいても、「後でちょっとアドバイスしますね」と言って会話を締める

好きな（話しやすい）タイミングで

そう言えばまだアドバイスしてませんでしたね

先ほどの頭皮のお手入れの仕方なんですけどね

毛先の収まり具合を改善する方法なんですけどね

と、お客様に改善のアドバイスをする。

でしょう。ですが、「今の状態」や「それに対応した施術上の気遣い」をお客様へ伝えないで行なってしまうために、お客様は**特別に気を遣ってもらっている感じがしていない**のが実情です。口に出して〝ちゃんと〟お伝えすることは、お客様が自分の現状を認識する上で重要なことですから、絶対に必要だと私は考えています。

②は、きれいな髪のお客様は「きれい」とほめ、傷んでいる方には「気にならないか」だけ伺ってみます。「きれい」の方はきれいとほめられることで、「もっときれいになりたい」、もしくは「今後もきれいでい続けたい」と願うようになります。また、「傷んでいる」「状態がよくない」というお客様へは「デリカシー」に細心の注意を払いつつ表現し、今の状態をちゃんと確認していただきます。

最後の③は、これを言うことで、アドバイスの約束を取りつけたことになります。

あとは皆さんの話しやすいタイミングで、

「あっ、そう言えばまだアドバイスしてませんでしたね……」

「先ほどの頭皮のお手入れの仕方なんですけどね……」
「毛先の収まり具合を改善する方法なんですけどね……」

と、お客様へ改善のアドバイスをします。

必ず行なう「デザインのカウンセリング」の中に、次項のような「髪質と頭皮のカウンセリング」を組み込むことで、このカウンセリングは2つの意味を持つようになります。

①本日の施術に際して必要な状態確認
②お客様が自分自身の状態を正確に認識すること（①を声にすれば自動的に認識する）

欲しかった物、探していた物がついに見つかったときや、困っていることを「解決」に導いてくれる物や方法が見つかったときに、お客様の購買意欲は強烈に高まります。頭皮・毛髪診断は、そのきっかけづくりに大いに貢献してくれるのです。

もしかしたら、「わざとらしく思われるかもしれない」と不安に感じる美容師さんがいるかもしれませんが、そんな方は「診察内容を教えてくれないお医者さんに診てもらう恐怖」を想像してみてください。自分の体に何が起きているのか、知りたくありませんか？

カウンセリングをさせていただいたのであれば、その結果をできるだけ美しい表現でお伝えしてあげるのが、美容師さんの役目だと私は思います。

次のページから、「毛髪／頭皮のカウンセリング」について解説していきます。

毛髪のカウンセリング

毛髪のカウンセリングでは、お客様が気になっているであろう点を中心に診察し、最適な質問を投げかけます。

お客様は美容師さんからの質問に答えるうちに、現状を認識していきます。

たとえば、「ボリューム感が少し気になりませんか?」と質問すれば、「年のせいなのか、最近トップがつぶれる感じがして嫌だったの~、分け目がくっきりしてすごい嫌」。「毎日のお手入れでまとまりにくくありませんか?」と質問すれば、「毛先のパサつきが気になるし、広がりやすくてまとまらないんです~」。

また、どんな質問をふっても「あまり気にならない」と答えるお客様もいらっしゃいます。明らかに傷んでいる毛髪でも、ご本人が気にならないと言うなら自覚症状がない

毛髪のカウンセリング

①生え際　毛の立ち上がりやボリューム感を確認

ボリューム感が気になりませんか？

分け目が気になりませんか？

②毛先　枝毛・パサツキ・ハネなどの確認

大半の女性が気にかけている部位で、損傷具合がもっとも強いので何らかのケアが必要な場合が多いと思われます。

パサつきが気になりませんか？

まとまりにくくありませんか？

ハネが気になりませんか？

③全体　ごわつき、硬さ、クセ、うねり、広がり、細毛、白髪、ハリ・コシ・ツヤのなさ、カラーの褪色などの状態を確認

エイジング毛のお悩みを持つ女性は増え続けています。したがってエイジング特有の症状への自覚症状があるか、それとなく触れておく必要はあるかと思います。

最近では、アイロンでスタイルを仕上げる方が増えているため、熱ダメージによるごわつきや硬さを気にされる方も増えています。

クセやうねりなどで毎日のお手入れがしにくくありませんか？

カラーの色持ちはどうですか？

アイロンを使われるなら、髪のごわつきが気になりませんか？

わけですから、「傷みを修復する必要がある」と説いても、理解を得るのは難しいでしょう。そんな場合は、単純に「今よりも質感をよくする方法をちょっとだけアドバイスしますね」と言ってあげたほうが、より興味を持たれるでしょう。

「未来の毛先づくり」をご案内しよう

カウンセリングの際には、ぜひ「未来の毛先」に触れてみましょう。

一般的に、毛髪は1ヶ月に1cm伸びると言われます。多くの方が定期的に長さを調整することを条件に考えると、1年後の毛先は現在の12cm上の部分となります。もし美容師さんが選んでくれた適切な商品で1年間ケアをし続ければ、12cm上の部分の毛髪は美しく保たれているはずです。そうして1年後に新たに毛先のポジションに座るのは「美しい毛髪」となります。時間はかかりますが、毛髪の体質改善は可能なのです。

「傷んでしまった毛先を改善しながら、未来の毛先づくりの努力もはじめて欲しい」とお伝えすることは、美容師としてとても美しいことだと思います。

頭皮のカウンセリング

本書は毛髪理論を専門的に解説することを目的としていませんので、ごく簡単にご説明していきます。

まず、頭皮は「毛髪の畑」と捉えてください。頭皮にある無数の毛細血管が毛根へ養分を届け、髪が成長していく。植物が大地から養分を吸って茎を伸ばしていくようなイメージです。痩せた大地からはひょろひょろした貧弱な植物しか生えない――このように捉えると、薄毛や細毛対策など、頭皮ケアの意識が高まってくる感じがしてきませんか？

では、頭皮で見るべきポイントについてご説明しましょう。

頭皮の硬さ

カウンセリング時は、頭部をやさしく揉むようにつかんで頭皮の硬さをチェックします。頭皮に厚みがなく、硬くてまったく動かないようなお客様は、ストレスや疲れがたまり、頭皮の状態としては危険信号です。このようなお客様には、

「かなりお疲れですね。お時間あるようでしたら、ヘッドスパで頭を揉みほぐしてみてはいかがですか？　すっきりしますし、小顔になります。また、頭皮の状態がよくなると髪の毛にもいい影響がありますよ」

などと、ヘッドスパ系のメニューをお勧めしましょう。また、この手のメニューを好むお客様には、自宅で使うヘッドスパマシンやブラシなどをご紹介すると、併せて使うスカルプケアのご購入につながりやすくなります。

頭皮の色

頭皮の状態は肌の「色」によって診断できるので、しっかり見て差し上げてくださ

い。大きく次の５つに分類できます。
実際に頭皮診断をする際は、次のトーク例を参考にしてください。

① 頭皮の色が青白の方

「きれいな頭皮です。ぜひともこのままの状態を維持してくださいね！」

➡「どうやって？」。どのようにケアするか、お客様は美容師さんに聞いてみたくなる。

②③④⑤ 白色・黄色・赤色・発疹の方

「シャンプーやスタイリング剤などで『しみたり』『かゆくなったり』しませんか？」

➡自覚症状のある方は「やっぱりわかります？」などと共感してくれる。

➡自覚症状のない方は、なぜこのようなことを言われたのか聞いてみたくなる。

そこではじめて「赤みを帯びてますんで」「発疹ができているんで」「黄色くなっているんで」と状態をお伝えします。

頭皮のおもな色と状態

①青白　透き通るような青白さなら、健康でよい状態。
②白　健康な状態に近いが、乾燥してフケが出る可能性がある。
③黄　かゆみ、皮脂のつまりや頭皮のべたつき、臭いの発生、ストレスなどが疑われる。頭皮が黄色いほど髪のツヤが低下することがわかっている。
④赤（ピンク）　かゆみ、乾燥・炎症（ヒリヒリする、しみるなど、辛い症状を伴っている可能性がある）。この症状が顔に出たなら、深刻な状態であると理解できるように、ただちに何らかの手当てを施す必要がある。頭皮が赤いほど白髪が進行することがわかっている。
⑤発疹（赤・ピンク）　よい状態とはいえないが、発疹の数や赤みとの合併症の有無などで全体としての診断をするべき。赤みと発疹が同時発生している場合は、緊急に刺激の少ないシャンプーに替えるなどのケアをはじめたほうがよい。

あくまでもお客様には「しみたり、かゆくなったりしませんか？」と聞くことがポイント。いきなり「赤い」「発疹がある」「黄色い」などと言うのは、女性相手のビジネスとして「デリカシーに欠ける」と私は思います。私たちは医療行為をする立場ではないので、伝え方にも労りや配慮の心、そして美しい表現が必要だと思います。

頭皮のカウンセリング

①頭皮の硬さ

頭部をやさしく揉むようにつかんで頭皮の硬さをチェック。

頭皮に厚みがなく、硬くてまったく動かない

▶ストレスや疲れがたまり、危険信号

> かなりお疲れですね。お時間があるようでしたら、ヘッドスパで頭を揉みほぐしてみてはいかがですか？　すっきりして小顔になりますし、頭皮の状態がよくなると髪の毛にもいい影響がありますよ

②頭皮の色

青白

> きれいな頭皮です。ぜひこのままの状態を維持してくださいね

▶「どうやって？」どのようにケアするか、お客様は美容師さんに聞いてみたくなる

白、黄、赤、発疹

> シャンプーやスタイリング剤で、しみたりかゆくなったりしませんか？

▶自覚症状のある方は「そうなんです。やっぱりわかります？」などと共感

▶自覚症状のない方は、なぜこのようなことを言われたのか聞いてみたくなる

「おいくら？」と聞かれたら購入の可能性は高い！

店販が成功するときに必ず言ってもらえる鉄板フレーズをご存じでしょうか？

それは、お客様からの「ちなみにこれっておいくら？」という言葉です。こう言われたら、お客様の購買意欲は50％まで高まっていると考えていいと思います。

私も長い人生を営業に捧げてきた人間なのでわかるのですが、お客様が「興味・関心」のない商品の「価格」を聞いてくることはまずありません。

なぜなら、その商品を欲しいと思っていないからです。

そもそも価格を尋ねる、聞くという行為は、買えるか買えないかを判定するのが目的です。

つまり、「おいくら？」という言葉は、自分の関心度を確認する行為でもあります。

だから重ねて言いますが、「おいくら？」という言葉を引き出すことができたなら、それはお客様の購買意欲が高まっていることを意味します。店販トークの序盤戦では、「おいくら?」と尋ねられることを第一目標にしましょう。

残念ながら、お客様の想定金額を上回るサロン専売品

見事に「おいくら?」と尋ねられた美容師さん、おめでとうございます! ここからは第二ラウンドへ移行します。

まず価格を尋ねられているわけですから、お答えしなければなりません。そのとき、お客様の脳裏に描かれている金額は、実際の価格よりも安いことが多いです。お客様は「おいくら?」と聞きながら、同時に「2000円未満だったら考えてみよう」など設定金額をイメージしています。

しかし、実際の価格はたいてい1000円以上のオーバー、ドライヤーなどは1万円以上の開きがある場合もあります。するとお客様は「そうなんですね」とそっけない言葉を発しながらも「やっぱりな~」といった表情になります。その後「それだとちょっと手が出せないかな~」と、感情は買わない方向に移行しはじめます。

この時点で「カーン」と第二ラウンドの鐘が鳴ったと思ってください。

ここで美容師さんは、価格に見合う価値があることを、専門性をもって真摯にお伝えしてください。ポイントは商品を売るのではなく、「この商品を自宅で使った際のお客様自身のメリット」をしっかりとお話しすること。自宅で使っている自分の姿をイメージしたお客様の中には、「やはりこれを使ったほうがよさそう」と決断される方が必ず一定数、存在します。

なお、美容師さんが自宅使いのメリットをお話しすると、お客様からは3種類の返答が返ってきます。

①購入を決断（美意識が高い方、お金に余裕がある方、強い悩みを持っている方など）

②未購入を決断（お客様の美意識と価格が見合わず、見送り。※今日は買わない）

③悩んだ挙句、美容師さんに「これ私は使ったほうがいいですよね～？」と同意を求めてくる（買う、買わないを決断できず、美容師さんに意見を求める）

どうでしょう、大体この3つのケースに絞られるのではないでしょうか。

ここで強調しておきたいのは、「悩んだ挙句、美容師さんに同意を求めてくるお客様」

についてです。自らの意志で『『買わない』と決断できないお客様」に対し、ベストな対応ができるようになると、購入比率が飛躍的に向上します。

このようなお客様には、次のように断言して購入を後押ししてあげてください。

「○○様の髪質の感じだと、1個は持っていたほうが便利ですね」
「今日のデザインだと、これは1個持っていたほうが楽ですね」
「これからの乾燥シーズンは、このドライヤーを使ったほうが髪はまとまりますよ」
「このストレートアイロンは、3万円とたしかに金額は高いですけど、必ず毎日使うと考えると、1回あたりの金額ではそんなに高い買い物ではないんです。1年で300日使うと考えれば、1日100円、2年使えば50円といった金額なんです」

ポイントは、「それっておいくら?」と尋ねていただく第一ラウンドの確率を高めること、第二ラウンドのお客様のうち、決断を迷われるお客様には購入したあと、毎日得られる自宅使いのメリットをお伝えし、堂々と断言することです。

スタイリング剤の提案方法と魔法のクロージング術

スタイリング剤の提案方法

商品を実際に使ってみることで、好き嫌い、合う合わない、香りやテクスチャーなど、購入する際に不意に抱いてしまう不安要素を、一度にすべて解決してくれます。このため、あらゆる商品は業務使用していただくことが望ましいのですが、「メニュー化」していたり、経費の問題でテスターを出すことができないケースもあるでしょう。

しかし、スタイリング系商品は他のものと違い、ベストなアイテムを使って仕上げていくので、お客様は商品の使用感を確実に確認することができます。あなたのお店でも、スタイリング系商品の購入は、他の商品に比べて高いのではないでしょうか。

このとき、美容師さんにひとつだけ、お願いがあります。

それは、スタイリング時に世間話ではなく、可能な限り、スタイリングの仕方についてレクチャーしていただきたいのです。と言うのも、お客様は自分のルックスの責任者ではありますが、髪のプロではありません。ですから、どんなアイテムを使って、どんなお手入れをすればベストなデザインになるのかを、実際にやって見せてあげる必要があります。そうやってでき上がったデザインを気に入ってもらえれば、仕上げに使ったアイテムは必需品だと理解してもらえるでしょう。

スタイリング系商品の代表的なクロージングトーク例は、次の3つです。

「今日の感じ（デザイン・髪質）だと、これはひとつ持っていたほうが「便利」ですよ」
「今日の感じ（デザイン・髪質）だと、これはひとつ持っていたほうが「楽」ですよ」
「今日の感じ（デザイン・髪質）だと、これはひとつ持っていたほうが「早い」ですよ」

女性はますます忙しくなってきています。当面の間は、「時間をかけてゆっくり」よりも、「便利・楽・早い」というキーワードに関心が寄せられることは間違いないでしょう。

エイジングケアの提案方法

これからはエイジング世代（老化が気になりはじめる世代）が増えていくことから、この市場が今後も店販売上をけん引していくことは間違いありません。ただ、「エイジングケア」というネーミングだけを武器にお客様に提案するのは、少し無理があるように思います。

この項では、「エイジングケア」のご提案方法について検証していきます。

まず、エイジング世代の代表的なお悩みをピックアップしてみましょう。

髪のお悩みの最上位に来るのは「白髪」です。やはり、視覚的に年齢を感じさせる白髪がもっとも大きな悩みなのだとわかります。白髪を含む、髪に関係するエイジングの「7大症状」、お顔に関係するエイジングの「7大症状」は左の図の通りです。

髪のエイジング　代表的な症状

□白髪
□髪が細くなったような気がする
□髪にボリュームがなくなったような気がする
□髪にハリ・コシがなくなったような気がする
□髪がうねるようになった気がする
□髪が扱いにくくなった気がする
□髪に艶がなくなった気がする

▶自分に合った特別ケアのはじめどき！

お顔のエイジング　代表的な症状

□たるみ（二重あご・上下まぶた）
□シミ
□ほうれい線
□老け顔、疲れ顔
□くすみ
□シワ
□肌あれ（キメの粗さ）

▶自分に合った特別ケアのはじめどき！

このような症状が気になり出した方は、加齢による何らかの自覚症状が芽生えてきたと言えます。

ただし、「これらの症状が気になりはじめたら、エイジングケアのはじめ時です」と言うのは乱暴だし、デリカシーに欠けるように感じます。お客様に直接的な加齢を感じさせないような表現を選択して差し上げるやさしさが必要です。私は、前出のような症状が気になりはじめたお客様には、次のようなお声がけをしています。

「ご自身に合った最適なケアを探すときが来ましたね」

エイジング世代だから加齢に応じたケアをはじめるのではなく、「ご自身にとって最適なケア」を探すときが来ただけだとお伝えしたいのです。

過度に加齢を意識させることなく、より前向きに美容を楽しんでもらえるような提案ができたら、お互いにハッピーになれると思います。

アップセルで固定ユーザーに導く

アップセルとは、直訳すると「上級提案」となります。

店販の世界で言えば、「今、使用している商品より上位ランクの商品を提案すること」を意味します。具体的には次の3通りのお勧め方法が代表格です。

①スペックアップ（より高品質・高額な商品）の提案
②サイズアップ（より大きなサイズ）の提案
③多品種使い（デザインや質感、気分に合わせて数種類の商品を使い分ける）

①スペックアップ（より高品質・高額な商品）の提案

より価値の高い商品をご提案する場合、高級なだけではお客様の購買意欲を刺激するにとどまります。やはり、お客様の希望する質感によりマッチしていることや、商品の優れた性能を体感できることを語れるようにしておかなければなりません。

②サイズアップ（より大きなサイズ）の提案

サイズアップは固定化への第一歩です。なぜなら大容量の選択とは、**必ず使うものを頻繁に買い続ける手間を惜しむ**、つまり「なくてはならない一品」になれたことを証明する行為だからです。ぜひ、大容量ボトルへの転換をお勧めすることを心掛けましょう。

さらに、大容量ボトルを選択してくださったお客様には、次の2つが期待できます。

1　贅沢使いをしてくれる　　2　家族で共有してくれる

ヘアケア商品のリピート率が上がらない理由のひとつに、「少量使い」という問題があります。そもそも、ヘアケア商品によって望む質感を得るには、「必要量」を使う必要があります。しかし高額な商品だと、お客様は「もったいない」と使い惜しんでしまい、結果として成分が隅々までいきわたらず、効果がわかりにくくなることがあります。

高額なお金を支払ったにもかかわらず、効果がわからないとなれば、リピートするはずがありません。高額商品をふんだんに使ってくださいとは伝えにくいかもしれませんが、大容量ボトルを使用するお客様は、自然に使用量が多くなる傾向があります。

また、大容量ボトルを購入することで、ご家族も一緒に使う可能性が高まり、ひと家族あたりのファンを増やすことにもつながります。

③多品種使い（数種類の商品を使い分ける）

私は仕事がら、10種類程度のインバスヘアケアを常備していますが、一般の方でも、季節や気分、髪のデザインや状態に合わせて、数種類のシャンプーやトリートメントを使い分ける時代が到来しつつあります。

かつては「気に入ってるシャンプーがある」というお客様からのひと言は断り文句に等しかったのですが、今では「この香り、すごくよくないですか？　気分によって2種類を使い分ける方も増えていますよ」と、さらっと言える時代になっています。

特に夏場は、ミント系（クール系）・デオドラント系が定番化されたことで、季節によっては、セカンドシャンプーが主役の座を奪うことも珍しくありません。

クロスセルで一気にライン使い

クロスセルとは、関連商品の提案のことです。美容界になじんだ表現だと、「ライン使い」と同じ意味で使われます。つまり、気に入った一品と併せて使えば相乗効果が期待できる商品を、シリーズで使ってもらうことを指します。同ブランドをシリーズでご提案するほか、あえて他ブランドをチョイスし、カスタマイズしたオリジナルの併せ使いをご提案することもクロスセルに含まれます。

具体的な提案の仕方は簡単で、何か一品を気に入ってくださったお客様に、次のようなご案内をするだけです。

「ちょっとご紹介だけしておきますが、そちらのシャンプーと合わせて使っていただくと、毛先の質感をサポートできるのがこちらのトリートメント。さらに週に2

回程度でサロントリートメントのプチ版みたいな感じで内部補修とボリュームアップの効果があるマスク、お出かけ時にはUVブロックと艶感を加えるのにもっとも適したオイル。この4つが鈴木さまにご提案しておきたい最適な4点セットです」

このように、最適な提案であっても「念のため」という雰囲気でご紹介します。すると、お客様の反応は次の3通りに分かれます。

①それ全部でおいくら？　意外としないのね。じゃあ全部ちょうだい。
②全部はさすがに無理だけど、あとひとつ選ぶとしたらどれですか？
③今回はシャンプー（最初に選択したアイテム）だけで結構です。

念のためにご紹介した結果、クロスセルが成功する可能性は大いにあります。マイナス要素はひとつもありません。むしろ、お買い物好きのお客様は「親切」と捉えてくださる可能性もあるのです。クロスセルは、メリットはあってもデメリットは一切ない、大変すばらしい提案術なのです。

なお、クロスセルは、特に金銭的に豊かで美意識の高いお客様へのご提案として絶対に外してはいけないものです。なぜ外してはいけないか、解説を加えてみます。

美容室には、お客様の来店周期という問題が常にあります。たとえば2ヶ月に1回来店するお客様がいたとします。店販をお勧めする際は、時間的な制約や関係性を維持するために、通常、「1来店で1アイテム」をご提案するのが精いっぱいという美容師さんが多いのではないでしょうか。そうすると、シャンプー、トリートメント、マスク、アウトバスを使ったほうがより美しくなれるお客様がいた場合、2ヶ月に1提案では、すべてをご提案するまでに8ヶ月の時間がかかってしまいます。美意識が高く、金銭的にゆとりがある方にとっては、これがまったくの時間の無駄に映ります。

クロスセルをしない店販は、そうした豊かなお客様にとっては「出し惜しみ」に見えますし、「金銭的ゆとりがないように見られている」ととられる可能性もあります。もっとキレイになりたいし、それを実現するために投資する用意もあるお客様に対して、出し惜しみや金銭的配慮は失礼以外の何物でもありません。そのようなお客様には、優先的にクロスセルをご提案する必要性があります。

市販の商品とサロンユースの違いをどう説明する？

市販のシャンプーより美容室のシャンプーは高いけれど、その違いは何？

こういった質問を受けたことのない美容師さんは、ひとりもいないのではないでしょうか。それで、皆さんはどのようにお答えしていますか？

ついやってしまいがちなのが「成分の説明」です。しかしお客様は素人なので、理解できるはずがありません。77ページでは、お客様でもわかる違いのご紹介例を挙げてみます。

また、「市販のシャンプーがまだたくさん残っているので、使い切ったら考えます」とお断りされた経験のない美容師さんもいないでしょう。以前はこの言葉を切り出されると、対抗手段が思い浮かばなかったかもしれませんが、現代はセカンドシャンプーの時代です。そのような断り文句には、78ページを参考に併用の提案をしてみましょう。技術との連動性をしっかりとお伝えし、施術後の仕上がりの維持や持続を目的とした提案だと79ページ上段のようになります。

どうしても店販は買わないというお客様にも、仕上がりの維持や持続のため、79ページ下段のような提案がありえるかと思います。

最後に、「市販のシャンプーだと何を使えばいいですか?」と聞かれて困った方も多いことでしょう。そんなとき私は、**「どれでもいいので、薄めて使ってくださいね!」**とご案内します。

これは、「洗浄力」や「脱脂力」を緩和させることが大事だと考えているからです。

このようにお伝えすることで、洗浄力や脱脂力について少しでも気づきがあればとの願いを込めて、このトークを考えました(市販品だと、質感は同時に使うトリートメントがつくるので、シャンプーはとにかくやさしく洗い上げることが大切)。

市販シャンプーとサロン専売シャンプーの違い

市販シャンプー	サロン専売シャンプー
キレイに、汚れを落とす	やさしくマイルドに、髪を傷めず、汚れを落とす
使うたびにコンディション・質感はよくならない（シャンプーだけでドライしてみるとわかる）	使うたびにコンディション・質感がよくなる •1年使えば12cmの結果が得られる •シャンプーだけでドライしてもよさが感じられる •頭皮のコンディションも整える
1日に多くても2回使用が前提の設計 	1日に15回シャンプーする美容師の「手」に配慮した安全設計 •手を150分シャンプー液に浸すことを前提に設計（1回10分×15回＝150分） •お肌への刺激を考えてつくられている •シャンプー時のお顔まわりの皮膚にもやさしい

市販シャンプーとの併用案

3日に1回『ケア』の日を設けませんか？

スタイリング剤や汚れを落とすシャンプーは市販。
2シャンは『ケア』目的でプロユースはどうですか？

シャンプー・トリートメントは変えず、『マスク』でヘアエステの日を。新習慣はじめませんか？

朝晩シャンプーする人は、スタイリングをする朝だけでもこのシャンプーを使うと、髪がまとまり、扱いやすくなりますよ

市販シャンプーとの併用案（シーズナル）

敏感肌・アレルギー発症時だけでもマイルドなシャンプーに替えませんか？

花粉症の季節だけでもマイルドなシャンプーに替えませんか？

『夏のダメージケア』を『冬の乾燥シーズン』前にやっておいたほうがいいです。この季節だけでも、いいシャンプーで髪と頭皮をケアしておきましょう

冬の乾燥シーズンだけでも対策しておきましょう

カラー・パーマ・縮毛矯正のお客様へのアドバイス

施術後のデリケートな1週間だけはこのシャンプーを使っていただきたいんです。カラーが定着し、色持ちがよくなります（パーマのリッジが……／矯正の伸びが……）

こちらを使っていただくと、キューティクルを保護し、ダメージの修復をしてくれます。市販のシャンプーは髪のケア成分やコーティング成分を取ってしまう能力が高いので、施術直後の1週間だけは向いてないんです

何も使ってくれなくても「髪」と「デザイン」の保護に

施術後のデリケートな1週間だけはシャンプーを2倍に薄めて使っていただきたいんです。

市販のシャンプーは髪のケア成分やコーティング成分を取ってしまう能力が高いので、施術直後の１週間だけは２倍に薄めてできる限りやさしく洗ってほしいんです。

それだけでも、カラーの定着と色持ちがよくなります（パーマのリッジが……／矯正の伸びが……）

ネット販売への対抗プラン

店販のキャンペーン時期になると、必ずお伝えすることがあります。それは、ネット販売への対抗策です。

インターネットでの販売自体は違法行為ではないので、取り締まることはできませんし、定価での販売なら大きな問題があるとも言えません。ただし、「インターネット販売」と「安売り」という２つの条件が重なると、サロンの店販にとって害悪です。

中には「リピートをネット販売に取られ、一生懸命やるのが馬鹿らしくなる」と怒りを通り越してしまった美容師さんも多いのではないでしょうか？

それでも私は皆さんに対し、「ネット販売と戦おう」とお誘いしないわけにはいきません。なぜなら、価格に反応するお客様がいる一方で、価格に反応しないお客様も一定数存在するからです。買う理由が「あなたから買いたい！」というお客様がひとりでもいる以上、この戦いに負けてはいけないと思います。

私が現時点で考えうる、ネット販売への対抗策は3つあります。

①キャンペーン時の大人買いを提案

これは、予約販売等のキャンペーンを通じてひとりのお客様に3～5本程度、大人買いしていただく提案です。食料品でもタバコでも、必ず使うと決まっている必需品は、いつなくなっても困らないように買い置き分を常備します。店販の商品もいっぺんに多本数を購入すれば、しばらくは購入する必要がなくなるので、インターネットで検索する必要もなくなります。

ただしこれはヘビーユーザーへ向けた企画になるので、そこまで必需品化していないお客様には荷が重いかもしれません。しかし、もっとも大切なヘビーユーザーをしっかりとつなぎとめておくことが、最重要です。大人買いしてくださったお客様は、家族や知人にプレゼントしてくれる可能性もありますし、たくさん買ったことでジャブジャブ使用し、ますますきれいになる確率も上がります（詳しくは70ページ）。

②「心情」に訴える

ときには、はっきり言うことも大切です。ネットを使えば安く買えるのでしょうが、堂々と次のように言ってみませんか？

「キャンペーン中でいつもよりお得なので、ぜひ今回はこちらにおつき合いください！」

こう言われても、「それでも安いからネットで買う！」と言うお客様もいるでしょうが、理解を示してくださるお客様も相当数存在していると私は信じています。皆さんはいかがでしょうか。

私の人生を振り返ってみても、競合他社に条件面で負けているにもかかわらず、最後には「佐藤君から買ってあげたい！」と言っていただいたことが数多くあります。美容室で同様のことが起こらないわけがありません。思い切って本心を伝えることも、ときには大事だと私は思います。

料金受取人払郵便

神田局
承認
8122

差出有効期間
平成32年1月
31日まで

郵便はがき

1 0 1-8 7 9 6

5 1 1

(受取人)
東京都千代田区
神田神保町1－41

同文舘出版株式会社
愛読者係行

毎度ご愛読をいただき厚く御礼申し上げます。お客様より収集させていただいた個人情報は、出版企画の参考にさせていただきます。厳重に管理し、お客様の承諾を得た範囲を超えて使用いたしません。

図書目録希望　　有　　　無

フリガナ お名前		性　別 男・女	年　齢 才
ご住所	〒 TEL　　（　　）　　Eメール		
ご職業	1.会社員　2.団体職員　3.公務員　4.自営　5.自由業　6.教師　7.学生　8.主婦　9.その他（　　　　）		
勤務先分類	1.建設　2.製造　3.小売　4.銀行・各種金融　5.証券　6.保険　7.不動産　8.運輸・倉庫　9.情報・通信　10.サービス　11.官公庁　12.農林水産　13.その他（　　　　）		
職　種	1.労務　2.人事　3.庶務　4.秘書　5.経理　6.調査　7.企画　8.技術　9.生産管理　10.製造　11.宣伝　12.営業販売　13.その他（　　　　）		

愛読者カード

書名

◆ お買上げいただいた日　　　　　年　　　月　　　日頃

◆ お買上げいただいた書店名　（　　　　　　　　　　　　）

◆ よく読まれる新聞・雑誌　（　　　　　　　　　　　　）

◆ 本書をなにでお知りになりましたか。

1．新聞・雑誌の広告・書評で　（紙・誌名　　　　　　　　）

2．書店で見て　3．会社・学校のテキスト　4．人のすすめで

5．図書目録を見て　6．その他（　　　　　　　　　　　　）

◆ 本書に対するご意見

◆ ご感想

●内容	良い	普通	不満	その他（　　　）
●価格	安い	普通	高い	その他（　　　）
●装丁	良い	普通	悪い	その他（　　　）

◆ どんなテーマの出版をご希望ですか

<書籍のご注文について>

直接小社にご注文の方はお電話にてお申し込みください。宅急便の代金着払いにて発送いたします。書籍代金が、税込1,500円以上の場合は書籍代と送料210円、税込1,500円未満の場合はさらに手数料300円をあわせて商品到着時に宅配業者へお支払いください。

同文舘出版　営業部　TEL：03－3294－1801

◇③ネット販売の裏に潜んでいる危険性を表現する

3つ目は、いわば「攻撃型」の対策で、「ネットで購入する危険性」をそれとなくお客様にお伝えする手法です。つまり「ネットでの購入」は危険性を伴うことなのだとイメージさせるわけです。実際に消費者庁が管轄する消費生活センターには、ネット販売による多数の被害が報告されており、相談件数は増え続けています。

ここで、ネットで購入するお客様の心理についても少し触れておきましょう。

ネットで購入する利点は、次の4点に集約されると思います。

①お店にわざわざ足を運ばなくてもいい
②好きな時間に買うことができる
③安い・お得
④ポイントが付与される

美容師さんは、「安い」と「ポイント付与」がネットで購入するメリットのすべてだと言う傾向が強いのですが、実際には利便性というメリットもあるのです。

そもそも、お客様は「挑戦的なお買い物をする人」と、「保守的なお買い物をする人」に分けることができます。

保守的なお買い物をする人はとにかく「騙されるのが怖い」「先にお金を払うのが怖い」「本当にちゃんとした商品が届くのか不安」「アフターサービスが不安」などの理由で、簡単にはネットで購入しません。結果として、信用と安心が担保できるサロンで購入することが多くなります。また、インターネットの知識が乏しいために、ネットで購入できないお客様も一定数いらっしゃいます。すべてのお客様がネットで購入するわけではない、この点はしっかりと押さえたうえで、ネット販売に向き合ってください。

一方、「挑戦的なお買い物をする人」（ネット販売を積極的に活用）でも、痛い思いをしたことがまったくないという人は少ないはずです。誰でも一度くらいは、不快な対応を受けたり、思っていたのとは違う商品が届いたなどの経験があるかと思います。

攻撃的なネット販売対策は、この点を突いていくのです。

それでは、ネット販売を活用するお客様に対抗するトークポイントをご紹介します。

特に「店販キャンペーン」を企画する場合は、一時的であれネット販売に対抗できる

ネット購入者へのトークポイント

1 「送料」が発生することで実はそんなに安くなっていない場合がある（Amazonプライム会員は送料無料が多い）

2 明日、すぐに使えない不便さ

3 宅配便受け取りの煩わしさ（再配達になりがちで、なかなか手元に届かない）

4 「品質保証」や「修理対応」が受けられないこともある（特に高額になりがちな美容家電は購入後のアフターサービスが受けられず、泣き寝入りになることも多い）

5 「品質劣化品（鮮度の悪い商品）」や「旧パッケージ（古い在庫）」「類似品」「模造品（偽物）」の可能性も考えられる

こういった可能性を指摘することで、美容室専売品の「ネット購入」に多少なりともブレーキがかかります。

割引や特典を用意しているはずですから、それを積極的に活用してください。

美容室専売品には高級な天然原料が使われているので、「生もの」に近い印象を持たせることもできます。そのため、「新鮮な商品を適正な品質管理のもとでお届けする」という、サロンならではの購入メリットを打ち出すことも可能です。

また、「当店は正規取り扱い店です」とお伝えしたうえで、メーカーとの親密度をアピールすると、お客様に好印象を与えることもあります。メーカーの社長との写真や、工場見学・本社訪問時の写真などを飾っておくことも、好影響があるでしょう。

私が直接関わっているサロンは、次ページのようなＰＯＰを掲示して、正規品の価値をお伝えするようにしています。トーク術と併せて参考にしてください。

この項の締めくくりとして総括すると、ネット販売に対抗する最大の武器は、ネット業者では得られない、美容師さんとお客様との人間関係であることは間違いありません。「どうせ買うのなら、あなたから買いたい！」というお客様からの支持を背景に、今後も真っ向からネット販売と戦っていきましょう。その一環として、ネット販売に潜む危険性を伝えることも、ときには大切だと考えています。

※品質劣化品にご注意ください！

インターネット上には、「管理状態の悪い製品」、
「劣化した製品」、「製造日の古い製品」が
流通している場合があります。
品質が劣化した製品は、「白濁化」、「臭いの発生」、
「とろみの変化」が見られ、頭皮などに発生する
かゆみの原因となってしまう可能性もあります。
「美容成分」、「天然成分」を多く含む
“プロフェッショナルケア”は、
鮮度も大切な要素になります。
当店の製品は「品質管理」を
しっかりと行なっておりますので、
安心してお使いいただくことができます。

※ネット流通品購入のご注意！

インターネットの「非正規販売サイト」でご購入の
「ヤーマン」「DAFNI」製品は、原則、
メーカー保証の適用外となります。
ご購入の際は、保証が得られます、
正規販売店のご利用をお勧めいたします。

提案のレッスン「ロープレ」の効果的なやり方

ロールプレイング（以下、ロープレ）とは、「売り手役（美容師）」「買い手役（お客様）」に分かれて、提案の練習をすることです。これは俳優で言えば「稽古」にあたります。ただし、「稽古」だけを繰り返しても本番では使えません。やはり本番さながらの緊張感のある「リハーサル」を行なうことが大事です。

ここでは、美容業界のロープレについてひとつ苦言を呈したいと思います。今のままでは効果が低く、自己満足に終わる可能性が高いからです。

ロープレには2種類ある

まず、ロールプレイングには目的が2つ存在します。

1　話ができないスタッフに、まずは話ができるよう慣れてもらうロープレ
2　結果を出し切るロープレ

1の「話ができないスタッフに、まずは話ができるよう慣れてもらうロープレ」とは、いわば「営業的コミュニケーション」の練習です。したがって、その取り組みは次のようになります。

①営業トークをスタッフに考えさせる
②お客様役は話がよどみなく続くように導き、自信をつけさせていく
③印象よく話すことを第一の目的とする

この場合、高いストレスを与え緊張感に満ちたロープレのみを実施すると、自信を喪失させ、接客恐怖症に陥らせることもあります。

2の「結果を出し切るロープレ」が目的の場合、緊張感のないやり方は時間の無駄でしかありません。

ロープレよりも実践の場、つまり「入客」のほうがはるかに難しいわけですから、ソフトな研修を行なっても結果は出ません。「試合」よりも楽な「練習」をしているに等しいわけですから、結果が出ないのは当然です。

結果を本気で求めるロープレの進め方は次ページの通りです。

お客様役のスタッフは、話を盛り上げる誘導型に徹する必要は一切ありません。むしろ、これまで自分がうまく接客できなかったお客様の雰囲気を忠実に再現し、演じることでお客様側の気持ちを汲み取ることに価値があります。

また、まだ経験したことがない断られ方も研究して、一生懸命に断る演技をすることにも、意義があります。ただし、皆さんのお客様は皆さんとの縁を大切に考える方が大半なので、わざと失礼な態度を取ったり怒りをあからさまにするなど、滅多に存在しないお客様を演じるのは無意味なのでやめましょう。

このロープレでは、「売り手役（美容師）」、「買い手役（お客様）」のどちらもが真剣であり、学びとならなければなりません。

「結果を出し切るロープレ」の手順

1 最も売れている人がトークスクリプト（販売トーク）を制作（5分以内）

2 スクリプトを全員で暗記する（原稿を見なくても話せるくらいに）

3 ロープレ時は「キャラ」で話す（自分の個性で話さないと、トークにパワーが出ない）

4 その様子を「動画」で録画

5 終了後、「動画」を確認（自分の現状をよく理解する）

6 アドバイス交換

ロープレ後に、「動画」を見てもらう目的は次の通りです。

- 自分の「現実」を知る（思い込みではなく、ありのままの自分を知る）
- 他人評価より自己評価のほうが厳しい（自分のダメなところを許せない）
- 修正箇所を自ら見出す（課題意識を持つ）
- 他人のアドバイスの意味がわかり、受け入れやすくなる

何がダメか、修正点はどこか、自分のことはよくわからない。わからないから人間は変われないし、成長しにくい。でも、ありのままの姿を見ることができたなら、変革の最短距離となる可能性があります。動画にはそれだけの価値があります。

3章

季節をテーマにした
シーズナルアプローチ術

シーズナルカウンセリング

あるひとつの商品を決めて、「すべてのお客様に店販のご提案をしよう！」と本気で取り組むと、数ヶ月内に2つの壁にぶつかります。

ひとつ目は、すべてのお客様に対し、ほとんど同じ話をしていること。

2つ目は、すべてのお客様に対し、前回と同じような話をしていること。

年齢も、髪型も、好みも、長さも、お手入れ方法も違うお客様に対して、ほぼ同じ提案をし続けるのは違和感があります。

また、日本は少なくとも2～3ヶ月で季節が移り変わりますから、デザインや気候の変化を考慮した提案トークがないはずがありません。

シーズンアプローチ早見表を作成しよう！

私はよく、美容師さんに次のように尋ねます。

「30代女性の秋の悩みって何ですか?」

ざっくりとしたこの問いに対しても、美容師さんなら5つくらい即答してくれそうです。

ですが、実際に即答できる人は多くなく、「一人ひとりの髪を見てみないとわからない」というのが正直な答えではないでしょうか?

でも、それではプロとしては頼りがいがありません。

どの年代のお客様が、どの季節にどのような悩みを抱いているか? ある程度特定されていないと、バリエーション豊かなカウンセリングや提案、お客様に寄り添ったカウンセリングや提案ができないのではないでしょうか。

そこでお願いしたいのが、次ページのような一覧を、各サロンで作成することです。

縦軸が年代、横軸が季節と性別で構成されていて、それぞれの年代・性別・季節の代表的な悩みベスト5がひと目でわかる早見表です。

代表的な悩みなので、一部の方には当てはまらない可能性もありますが、それでも大半の方に該当するものなので、早見表があると便利です。代表的なお悩みベスト10まで増やすことができたら、少数派のお客様にも対応できます。

梅雨		夏		秋		年末	
男	女	男	女	男	女	男	女

シーズンアプローチ早見表
（季節ごとに気になる髪や頭皮のお悩みベスト5）

季節 / 年代	冬		晩冬		春	
	男	女	男	女	男	女
20						
30						
40						
50						
60						

40代女性のお悩み

□ 暑さで髪を結ぶことが多く、抜け毛が気になる

□ ツヤがなくなりがち(夏バテで疲れて見える感じがする)

□ 頭皮がすっきりしない（ニオイが気になる)

□ エアコンでパサつきがち

□ 紫外線ダメージで抜け毛が多く感じられる

□ 髪がぺたっとなって、帽子をぬぐのが嫌

□ 白髪の伸びが早い気がする

30代男性のお悩み

□ 汗でスタイルが崩れやすい

□ シャンプーしても髪や頭皮がすっきりしない

□ 頭皮がかゆい

□ エアコンで頭皮がカサカサに

□ 自然乾燥してしまい乾燥毛に

夏のシーズナルアプローチ（お悩み代表例）

女性 全年代共通のお悩み

- □ 紫外線によるパサつき・褪色
- □ カラーがしみる
- □ べたつき
- □ 分け目の日焼け
- □ 切れ毛・枝毛
- □ エアコンによる頭皮と髪の乾燥

20代女性のお悩み

- □ ドライヤーを時短したい！
- □ 汗で髪の指通りが悪い
- □ 暑さで髪を結ぶことが多く、抜け毛が気になる
- □ 髪の表面と内側でカラーの色味が変わってしまう
- □ 朝のスタイリングが汗でキープしにくい（夜まで持たない）
- □ 特に寒色系の色持ちが悪い
- □ 海やプールで髪がバサつく、ゴワつく

30代女性のお悩み

□ いつもよりコテやアイロンをしっかり使うので傷む

□ 縮毛矯正で髪が硬くなる

□ 前髪の内側がうねる

□ 髪を結ぶしかなくなる

□ 結んだ髪が切れる

□ 頭皮がべたつく

□ ツヤが出ない

20代男性のお悩み

□ スタイルキープにスタイリング剤をいつもより多く使用しなければならない

□ シャンプーしても髪や頭皮がすっきりしない

□ 髪の量が多くて膨らみがち

梅雨どきのシーズナルアプローチ（お悩みの代表例）

女性 全年代共通のお悩み

- □ スタイルが崩れやすい
- □ 表面に出てくるアホ毛が気になる
- □ まとまらない
- □ ぺたっとする
- □ うねる
- □ 広がる
- □ 頭皮のニオイ
- □ 前髪が決まらない
- □ 膨らみ
- □ 頭皮がかゆい

紫外線対策アプローチ

紫外線は美を阻害する一番の敵と言っても過言ではありません。日頃からコツコツとお手入れをしていけば、10年後も美しさを保てる可能性は高まりますが、対策が不十分だと、紫外線による悪影響でお肌に大きな「負債」を抱えてしまい、美しいお肌の「資産」が総崩れ状態になるかもしれません。

今では衣類や傘、車のガラスにもUVカットが施され、あらゆる商品にUVカット値が記載される時代です。紫外線対策は、美と健康における定番の防衛策とも言えるでしょう。

お肌の老化には、「加齢による老化」と「紫外線ダメージの蓄積による光老化」の2種類があると言われますが、実際には光老化の割合が80%になると指摘されています

紫外線による悪影響

肌	シミ・そばかす・シワの原因、たるみのリスク、ハリがなくなる、乾燥しやすい肌に。
髪	キューティクルが剥がれやすくなり、水分が失われる、枝毛・切れ毛・パサつき・カラーの褪色を促進。
頭皮	毛母細胞の働きの低下により、抜け毛や薄毛の原因に。色素細胞のダメージで白髪の要因に。

（『美容の医学　美容皮膚科学事典』中央書院）。

紫外線対策は今では通年で行なうことが望ましいのですが、5～9月は特に紫外線量が多く、念入りな対策が不可欠です。紫外線対策の重要性を再確認したところで、お客様に紫外線対策を推奨するひとつの仕掛けをご紹介します。

まず、「卓上型ミニイーゼルセット」と『紫外線情報分布図』の切り抜き」を準備します。

「紫外線情報分布図」とは、全国の紫外線の強さがひと目でわかるように、日本地図上に表示されているものです。気象庁が毎日発表しています。地方名、所在地名を検索すると、自サロン上空の紫外線の強さを検索することができます。

そもそも、なぜ気象庁がわざわざ紫外線情報を毎日、発表しているのでしょうか。サイトには次のように説明されています。

近年、紫外線を浴びすぎると皮膚がんや白内障になりやすいことが明らかになっています。さらに「オゾン層破壊」によって地上に到達する紫外線が増加していることから、世界保健機関（ＷＨＯ）ではＵＶインデックス（ＵＶ指数）を活用した紫外線対策の実施を推奨しています。ＵＶインデックスとは紫外線が人体に及ぼす影響の度合いをわかりやすく示すために、紫外線の強さを指標化したものです。国内では環境省から「紫外線環境保健マニュアル」が刊行され、この中でもＵＶインデックスに応じた紫外

目に見えない紫外線をお客様の視覚に訴える方法

①卓上型ミニイーゼルセットを用意

100円ショップなどで販売されている「ボード（A4サイズ）」と「ミニイーゼル」を購入。

②インターネットで「気象庁　紫外線」と検索し、「本日の紫外線情報分布図」を表示（https://www.jma.go.jp/jp/uv/）

③この図を印刷してイーゼルにピンで止め、レジ・待合・セット面に設置する

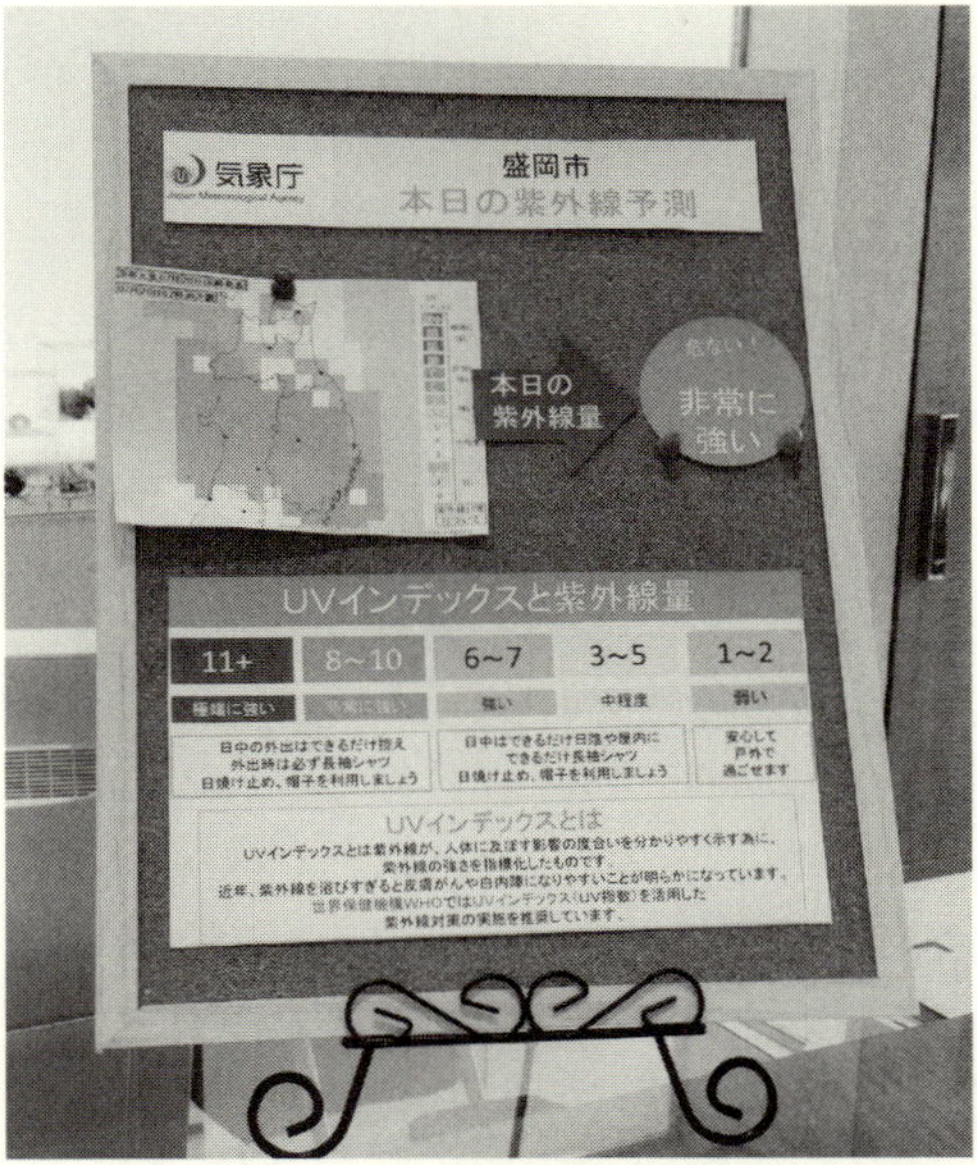

線対策の具体的な例が示されています。気象庁では、日々の紫外線対策を効果的に行えるように、ＵＶインデックスを用いた「紫外線情報」を提供しています。

紫外線は、美容にとどまらず、健康や命にまで影響を及ぼしていることが読み取れます。

梅雨明けの関東から沖縄を含む西日本では、「8～11」のＵＶ指数の日が毎日続きます。紫外線対策としては、「日中の外出は控えよう」と言われるレベルです。この数値をお客様にしっかり見ていただいたうえで、紫外線対策の必要性をお声がけしましょう。

次の2つの角度から対策をご提案します。

1　サンブロック（ＵＶをどれだけ完全にブロックできるか）

2　サンリセット（浴びてしまったかもしれないＵＶをその日のうちに完全リセット）

それぞれ、次のような商品が当てはまります。

紫外線環境保健マニュアル

1～2	弱い	安心して戸外で過ごせます。
3～5	中程度	日中は出来るだけ日陰を利用しよう。 出来るだけ長袖シャツ、日焼け止め、帽子を利用しよう。
6～7	強い	
8～10	非常に強い	日中の外出は出来るだけ控えよう。 必ず長袖シャツ、日焼け止め、帽子を利用しよう。
11+	極端に強い	

(WHO：Global solar UV index-A practical guide-2002)

紫外線のブロック：UVクリームやUVスプレー・飲む日焼け止め

紫外線のリセット：化粧水、クリーム・美容液・全身ローション、パック、インバストリートメント、ヘアマスク・スカルプエッセンス、美顔器

美容業界の紫外線商戦は、これまではサンブロックだけで終わる傾向にありましたが、紫外線対策は「ブロック＆リセット」で完結することを忘れてはいけません。

せめて1種類くらいは、「当店お勧めのサンリセットアイテム」を各部位ごとに見つけておくことをお勧めします。

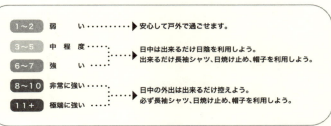

夏のダメージ徹底回復宣言

夏はダメージがもっとも蓄積される季節です。まず、左ページの代表的なダメージ要因をご覧ください。その要因の多さにお気づきになるでしょう。

さて、これだけのダメージ要因を抱える夏の直後にあたる、9～10月には、夏に蓄積したダメージを徹底的に回復させなければなりません。夏のダメージを修復しないまま冬の乾燥シーズンに突入すると、お肌にとっても、髪にとっても、重大な質感の低下を招いてしまいます。

夏のダメージを秋のうちにしっかりと回復させることは、1年後の髪質や肌質のコントロールを考えた場合、必要不可欠と言えます。

代表的な夏の髪・頭皮・お肌へのダメージ要因

□ **紫外線**

□ **洗浄・洗髪・汗ふきシート**

夏は回数が飛躍的に増える。強い洗浄成分の脱脂力や刺激性により相乗的にダメージ。エタノール使用の汗ふきシートで肌あれも

□ **エアコンによる乾燥**

髪、頭皮、肌へのダメージ

□ **海、プール**

PH・塩素（紫外線や洗髪など他の要因との複合ダメージも）
※海のPHは8.1（気象庁発表）

□ **汗**

頭皮のかぶれ、かゆみ、臭い

□ **夏バテ・ストレス**

食生活の乱れ、食欲の低下、睡眠不足、不規則な生活、暴飲暴食、疲れ

□ **ダイエットによるホルモンバランスの乱れ**

□ **濡れた髪の自然放置**

□ **心労・ストレスの影響**

こんな状態を放置し
お手入れせずに冬に突入するのは危険！

そこで9～10月に、「夏のダメージ徹底回復宣言」という企画を発表し、お客様に夏のダメージの回復に充てていただけるよう、ご案内しましょう。

夏あとの髪質、肌質の変化（悪化）に「自覚症状」のあるお客様が多いので、こうした提案を快く受け入れてもらいやすいシーズンです（抜け毛が最も多い季節でもあります）。

質感の低下が顕著に感じられる2大シーズンのひとつ（もうひとつは冬の乾燥期）なので、自然に夏のダメージの会話に流れていくことも少なくないでしょう。店内に「夏のダメージ徹底回復宣言」のポスターを貼ることで、会話がよりスムーズに展開できるようになります。

「夏ダメ企画」は、技術メニュー（トリートメント、ヘッドスパ、エステ）と合わせて積極的に展開することが可能です。

「夏のダメージ徹底回復宣言」ポスターイメージ

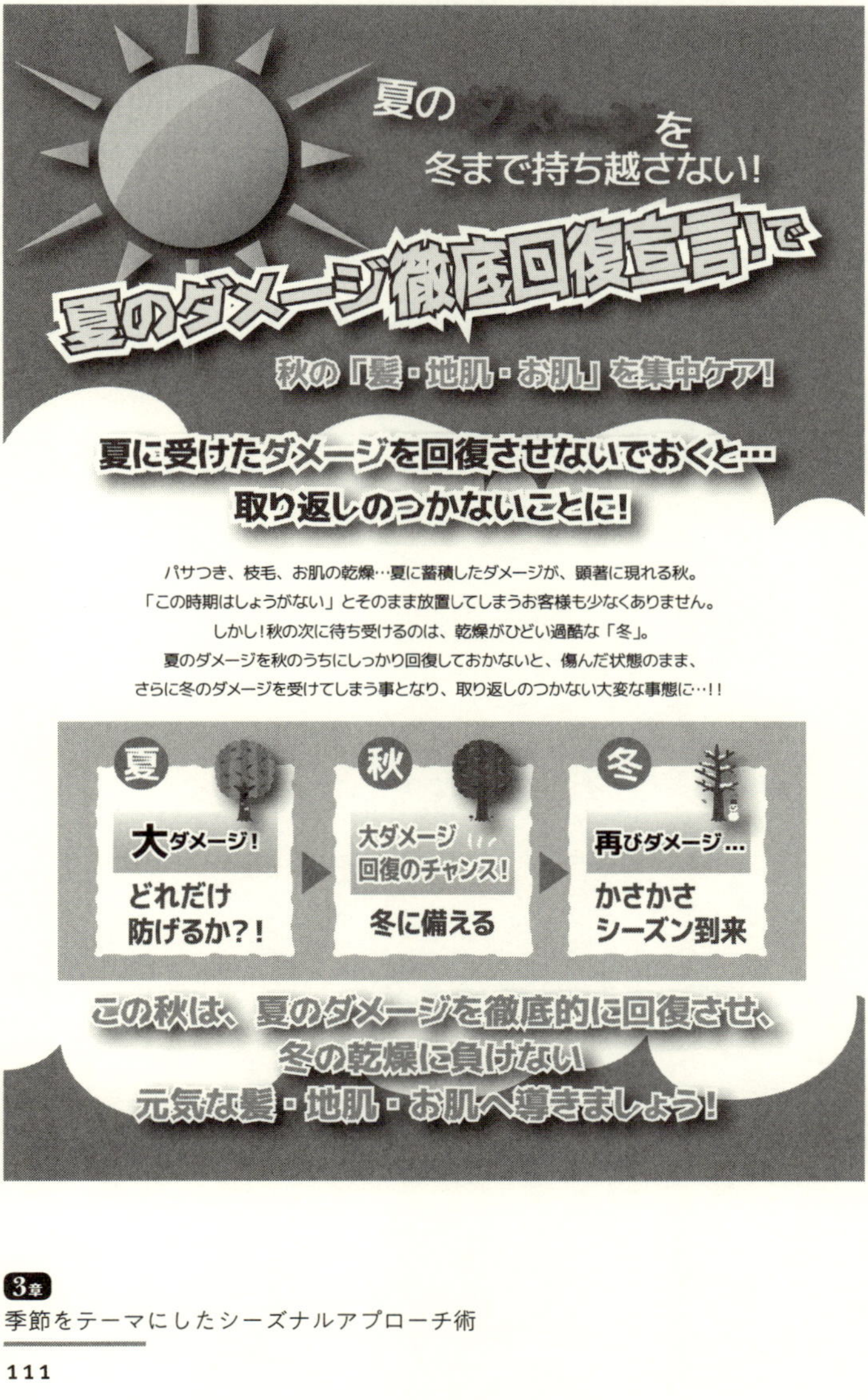
夏のダメージを
冬まで持ち越さない!
夏のダメージ徹底回復宣言!で
秋の「髪・地肌・お肌」を集中ケア!
夏に受けたダメージを回復させないでおくと…
取り返しのつかないことに!
パサつき、枝毛、お肌の乾燥…夏に蓄積したダメージが、顕著に現れる秋。
「この時期はしょうがない」とそのまま放置してしまうお客様も少なくありません。
しかし!秋の次に待ち受けるのは、乾燥がひどい過酷な「冬」。
夏のダメージを秋のうちにしっかり回復しておかないと、傷んだ状態のまま、
さらに冬のダメージを受けてしまう事となり、取り返しのつかない大変な事態に…!!
夏
大ダメージ!
どれだけ防げるか?!
秋
大ダメージ回復のチャンス!
冬に備える
冬
再びダメージ…
かさかさシーズン到来
この秋は、夏のダメージを徹底的に回復させ、
冬の乾燥に負けない
元気な髪・地肌・お肌へ導きましょう!

4章

単月最低100万円以上の売上があがる「予約販売」成功のコツ

美容室でキャンペーンを行なう理由

驚かれるかもしれませんが、美容業界の販売計画はちょっと不思議です。

そもそもキャンペーンとは、何らかの特典を用意して買いやすさを演出し、より多くのお客様により多くの数量を買っていただけるように導く行為です。その前提として、**定価購入者を増やすことが最も重要であると言えるでしょう。なぜなら、普段、定価で購入をしているからこそ、キャンペーンをお得だと感じていただけるわけです。**

しかし美容業界の多くは、年2回開催されるキャンペーンで売上の大半をあげようとします。こうなると、初回からお得に購入できるわけであり、リピート購入も同様の価格で購入した場合、そのお客様にとって、もはやそれはお得な価格ではなく、通常価格となります。キャンペーンのメリットは薄れ、「この値段だから使い続ける」という継続条件となってしまいます。したがって、キャンペーンの継続的成功は、**定価での通常**

販売がカギを握っているという点を忘れないで欲しいと思います。

◇キャンペーンの成功は売上のみにあらず

ここであらためて、キャンペーンの本質的なメリットを考えてみましょう。キャンペーンの成功・不成功とは、売上のほか、次のことを達成できたかどうかで決まります。

1　いつもより多く（買い置き分やご家族分を）購入してもらえた
2　いつもより大きなサイズを購入してもらえた
3　いつも使っている商品とは違うアイテムも購入してもらえた

いつも購入している方が複数本購入することで、本人だけでなく、ご家族での使用がはじまったり、プレゼントされるケースもあります。また、買い置き分としてストックされることで、あったら嬉しい商品が、なくてはならない商品にステージアップします。

いつもより大きなサイズを購入されたお客様も含め、たくさんの量をお買いあげいただくことで、1回あたりの使用料が増えて、商品のよさをより感じてくださる可能性が高まります。

新たな商品のデビューを勝ち取ろう

キャンペーンのもうひとつの目的は、「新規アイテムのデビュー」です。お気に入りの定番アイテムを補強してくれるトリートメントやマスクなど、ヘアケアはより質感を上げ、スタリングは季節や髪型、そして香りなど、気分によってファッションアクセサリーのように多品種持ちで楽しんでいただく。キャンペーンは、そのきっかけとなるものです。

このようにキャンペーンは、総売上高の成功のほか、サイズアップや複数本購入者の割合を増やすこと、今まで使用していなかった新規アイテムのデビュー数を増やすことなど、**質的な成功**も追う必要性があります。

贅沢使いや家族使いをするお客様をたくさん生み出すことや、多品種使用で毎日のビューティライフを楽しんでいただくお客様を増やすことは、その後のリピートを増やすことにも直結します。これにより、売上は継続的に右肩上がりに伸びていくのです。

固定ユーザーに大人買いしていただくセールスプロモーション「予約販売」

即決購入しにくい金額の壁はどこにあるか？

さて、いよいよセールスプロモーションの王様とも言える「予約販売」という販売方法について解説していきます。

店販は実にカット料金を越える支払い額になると、購入を即決してくださるお客様の数がガクっと減る傾向にあります。これはカット料金こそがサロンの価値と価格の指標となっているためです。つまり、お客様がサロンを選択する際、「価格が高くて入りにくい」と感じるメニューはどれかというと、カット料金なのです。そういった理由もあり、カット料金より高い金額の店販の即決購入は受け入れがたく、カット料金より低い金額であるほど受け入れやすいことが、私の経験上、明らかになっています。

ここから、固定ユーザーに対して、大人買いを積極的に仕掛ける手法について詳しく解説していきます。

◇「申し込み」と「後日支払い」の2段階に分けると支払いへのためらいがなくなる

店販で〝即決〟していただけるかどうかは、お客様の美意識と金銭感覚が大きな影響を及ぼします。

美意識が高いお客様とは、お金の使い道としてファッションやビューティの優先順位を高く設定している方を意味します。他の支出を我慢してでもおしゃれに投資してくれる、美容業界にとって大変ありがたい存在です。

金銭感覚とは、一般的にはお客様の資金量に比例します。つまり、所得が高くお金持ちの方にとっての1万円と、そうでない方の1万円は同じ貨幣価値ではなく、1万円を1000円くらいにしか感じない金銭感覚の方も一定数存在しています。結果、ものすごく欲しいわけでなくても「とりあえず買っておこうかな」という即決での購入があり得ます。一般的な収入の方であれば「美容に目がない」特別なお客様を除いて、そういうお金の使い方のできる人は少数と考えるのが普通でしょう。

つまり「即決購入しなかったお客様」だからといって、「欲しくないから購入しな

予約販売の告知例

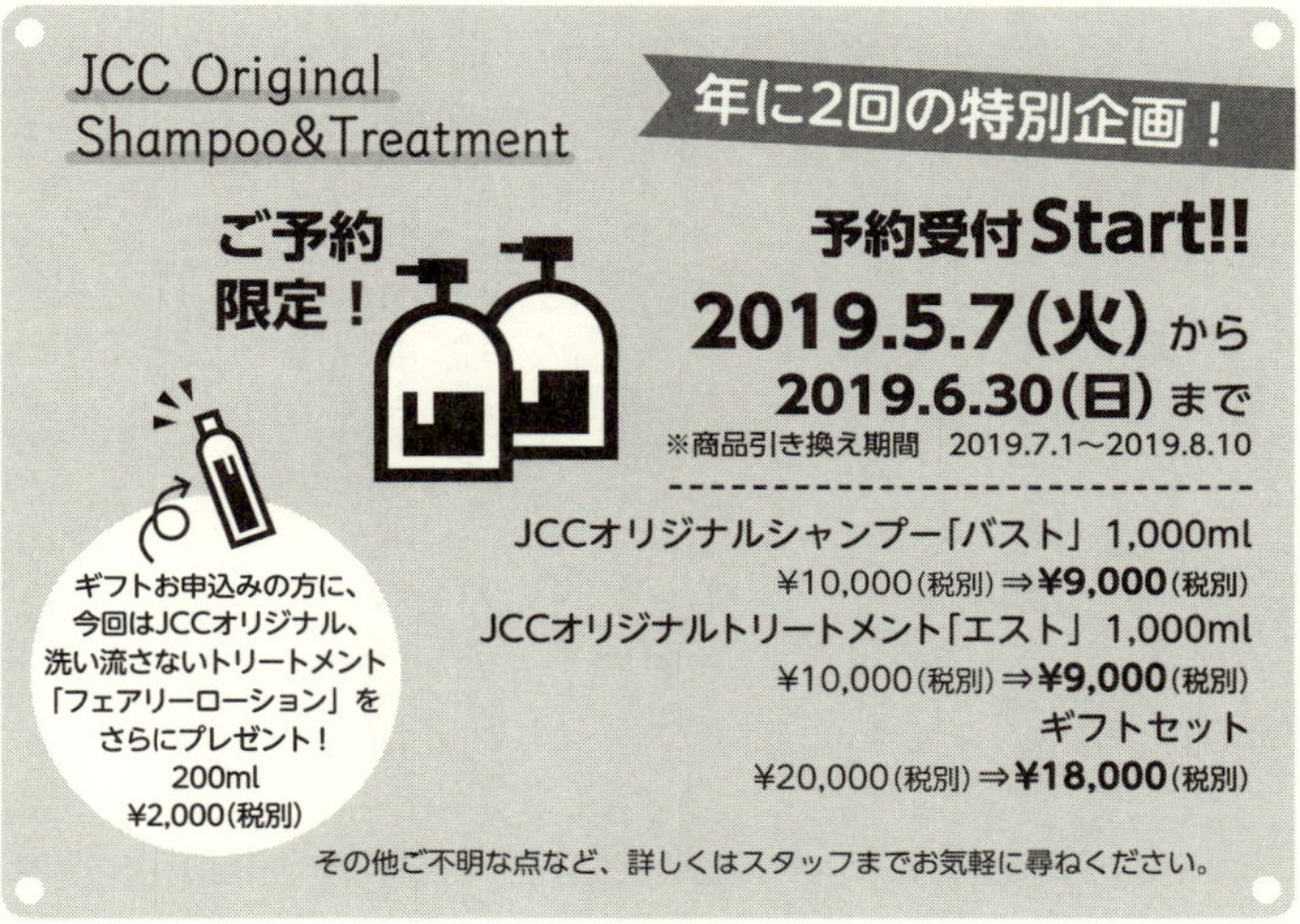
JCC Original
Shampoo&Treatment
年に2回の特別企画！
ご予約限定！
予約受付Start!!
2019.5.7（火）から
2019.6.30（日）まで
※商品引き換え期間　2019.7.1〜2019.8.10
JCCオリジナルシャンプー「バスト」 1,000ml
¥10,000（税別）⇒¥9,000（税別）
JCCオリジナルトリートメント「エスト」 1,000ml
¥10,000（税別）⇒¥9,000（税別）
ギフトセット
¥20,000（税別）⇒¥18,000（税別）
ギフトお申込みの方に、
今回はJCCオリジナル、
洗い流さないトリートメント
「フェアリーローション」を
さらにプレゼント！
200ml
¥2,000（税別）
その他ご不明な点など、詳しくはスタッフまでお気軽に尋ねください。

かったんだ」と単純に決めつけることはできないということです。

そこで、予約販売の存在意義が出てきます。予約販売とは、本日は予約申し込みをするだけで、お支払いは引き取りに来られた際（1〜2ヶ月後）に、という企画なので、お客様の今の手持ちのお金が障害になりにくくなります。

つまり、「現段階では申し込み手続きだけでよい」という手軽さがお客様の心理的な負担を取り除き、購買意欲を刺激する仕組みになっているのです。

代金をすぐに支払う必要がなくなると、お客様は単純に「欲しいと思ったか?」という感情だけで判断してくれますが、すぐに支払わなければならない状況では「本当に必要か?」、または「他の支出より優先順位が高いか?」などを考え、即決購入に至りにくいのです。

予約販売なら「実際の引き取りまで期間があるので、お金はやりくりできるだろう」とお客様は前向きに検討してくれやすくなります。「即、お支払い」という苦しい決断を回避して、本当に欲しいものを手に入れていただきましょう。

販売を成功に導く4つの〝限定〟

購買意欲を高める、つまりお客様に「買いたい!」と思ってもらうためには、次の4つの限定が効果的です。

①限定品（通常期は販売していない特別な商品・特別価格の商品）
②期間限定（7月と12月の2ヶ月しか発売しない）
③数量限定（各商品とも数量に限りがある）
④予約限定（予約しないと手に入らない）

これらの「限定」が特別感を演出して、商品の「価値」「希少性」を高めてくれます。
それが逆にどうしても欲しくなる理由となって、定価を大幅に上回るプレミア価格がつくことも珍しいことではありません。美容室で行なうキャンペーンでも、「限定」は十分にその力を発揮してくれます。実際に、これらの限定を組み合わせた「予約販売」は数々の成功をおさめています。

◇限定数量を早々と達成してしまったときには？

次のような場合、どのように対処すればよいでしょうか？

あるサロンの予約受付開始日が10月1日だったとします。受付開始早々から反応がよく、想像以上の予約が入ったために、なんと10月末日には完売となってしまいました。しかし、まだ案内をしていない11月のお客様からも予約したいと言われそう……。たまたまその周期で来店されるお客様に罪はないし……。どうしよう……。

こういう場合の対応策は、「**好評につき第二弾　30セット追加!!**」です。

「取引ディーラーさんに協力していただき、何とか30セットを追加で確保しました！」と告知し、追加本数到達まで予約受付を続行します。来店周期がたまたま合わなかったお客様に罪はないので、何としても商品を用意して差し上げなければなりません。そういう意味で、「第二弾」の可能性はあらかじめ考えておかなければならないでしょう。

さて、「第二弾」も11月15日で完売してしまいました。前回同様、たまたまこの周期で来店するお客様に罪はないし……どうしよう……。

この場合は、続行しようにも商品がありませんが、「スタッフ分として取っておいた分を全部放出します！」という対応策はあります。どんな職場にも「スタッフ特権」が多少はあると思います。この限定商品を、スタッフがいち早く押さえていたとしてもおかしくはありません。


予約販売は、お客様の需要が読み切れるようになるまでは「欠品リスク」を抱えますし、欠品しないように大量発注をかければ「在庫リスク」を負います。この点は経験が必要です。

「予約販売」が成功するシーズンとは？

購買意欲は資金量に比例する

次に、予約販売を仕掛けるべき時期についてお話しします。

お客様は、持っているお金が多いほど購買意欲が増し、少ないほど購買意欲が減るという点については、すでにご理解いただけたかと思います。ただ、それは年間所得や保有資産など、お金持ちかどうかをもとに解説してきたものです。

しかし、実はお金持ちかどうかに関係なく、美容室に来ているすべての方々が、瞬間的に資金量が増える時期があります。それに合わせて予約販売を企画すると、成功確率はグンと上がります。具体的には次の2シーズンに設定します。

さて、なぜこの2シーズンをお引き渡しの期間として設定するのか、皆さんはもうお予約販売の「申し込み受付時期」と「お引き渡し時期」

	申し込み時期	お引き渡しの時期
夏季	ゴールデンウィーク明け〜6/30	7/1〜7/31
年末	10/1〜11月末日	12/1〜12/25（年末最終営業日までとするのも可）

わかりですよね。

その通り、7月の資金の源は①給料、②ボーナスです。

そして12月の資金の源は①給料、②ボーナス、③年末調整です。

収入源の数と収入総額が増えれば増えるほど、購買意欲が高まっていくことは、ごく自然な心理だと思います。ですから、引き渡し期間は最も収入の多い月に設定し、そこから遡って予約受付期間を設定する、とイメージしてください。

購買意欲の奪い合いに参戦しよう

12月は大半の方の収入が1年で最大化する時期ということに加え、「1年の締めくくり」と「クリスマス」という最大の消費イベントが待ち構えているので、お客様の購買意欲はマックスに高まります。いわば、「何を買おうかしら」状態に突入しているわけです。

予約販売のすごいところは、12月の収入をあてにしたお買い物を10月の段階でしてもらえることです。通常の年末セールよりも一歩も二歩も早い時期のお買い物ですから、他の業界との熾烈な競争に巻き込まれることなく、お客様の12月のお買いものを独占することができるのです。

「予約」してまでも「欲しい」と思ってもらえる商品づくり

続いて、必ず成功する予約販売の商品のつくり方をご紹介します（商品づくりの詳細は141ページ以降でお伝えします）。

①業務用やお徳用サイズ

普段、サロンで使用している業務用を、数量限定でお客様におすそ分けしましょう。業務用の特別出荷が成功するかどうかのポイントは、価格づけがすべてです。たとえば、通常ボトル300㎖で3000円のシャンプーがあったとすると、1㎖あたりの価格は10円です。特大サイズの業務用が仮に2500㎖だとすると、

1㎖×10円×2500㎖=2万5000円

こうして業務用小売価格を導き出すことができます。

2万5000円のものを、ご予約くださった方に限って1万9800円でお譲りするなら、5200円分もお得ということになります。いつもお使いになっているお客様なら「どうせ使うのだから多めにあってもいいし、それが5200円もお得になるならぜひ申し込みたい！」となるわけです。

これだけの割引をしても、業務用は元々の仕入れ価格が割安で（サロン業務を支援するためにメーカーが安価にて提供）、利益は十分に確保できるので、お客様にとっても美容室にとっても嬉しい販売方法となります。

ただし、メーカーさん・ディーラーさんの立場からすると、業務用は利益を生み出すアイテムではないので（販売するなら店販品にして欲しいのが本音）、協力をお願いするようにしてください。同様の理由から、供給される数が限定されることもありうると考えておきましょう。

②「基礎化粧品のセット」などサロンオリジナルパック

サロンオリジナルパック（詰め合わせ）をつくる際には、「どんな価値と仕上がりを提供したいのか」という観点からベストパッケージを考えてください。

どの商品をどんな組み合わせで使えば、よさ・価値を感じていただけるか？　お買い得感を感じていただけるか？　さまざまな角度から「セールスポイント」を明確にし、「基礎化粧品のセット」「ヘアケアのセット」など、いくつかの詰め合わせを考案します。

③サロンオリジナル福袋

サロンオリジナル福袋は、「美容師さんが扱うビューティアイテムなら何でも組み合わせてしまえ！」という遊び心も含んだ商品の詰め合わせです。

ヘアケアやスキンケアは当然のこと、スタイリング・美容家電（ドライヤー、アイロン、美顔器など）、美容雑貨、インナービューティ、これに技術クーポン（ヘッドスパ、まつエク、ネイル、トリートメント回数券等）までも用意して、金額やカテゴリー別に詰め合わせます。

「予約販売」に最適な価格設定

高額商品を販売するチャンス

予約販売では、お客様が「自分へのご褒美」と感じられる金額に設定すると、購買意欲が増すことがわかっています。いつでも購入可能な低価格商品は、予約販売には不向きです。あくまでも「自分へのご褒美感」を大切にし、贅沢なプレミア商品を用意して、お客様の所有する喜びを刺激してあげてください。

価格帯は、おおよそ次の4～5タイプで検討します。

- 1万円（前後）
- 2万円（前後）
- 3万円（前後）

・5万円（前後）
・10万円（前後）

予約販売は、最低の価格設定を1万円程度にするのが成功への条件です。これ未満の金額では特別感がなくなるとともに、売上も伸びていきません。また、5万円程度の金額設定は、美容家電を含むセットを考えれば簡単につくることができます。


中には「え、10万円⁉」と驚かれる方がいるかもしれませんが、購入するお客様は必ずいます。そもそも10万円コースはＶＩＰのお客様のために用意する特別な商品です。

たとえば、1万円の美容液を定期的に購入しているヘビーユーザーがいるとします。このお客様に対する10万円セットの内容は、「1万円の美容液×10本（＝10万円）。予約で申し込むと＋2本プレゼント！」という感じです。

必ず欲しい（必要な）商品を、お得なこの機会に〝大人買い〟する行為は、お気に入りワインのカートン買いのようなもので、特別珍しいものではありません。

問題は10万円という金額ですが、これに対応できる資金力を持つお客様が、どのサロンでも必ず数名以上はいらっしゃいます（だからと言って欲張って「限定20名様」と募ったところで、予約を希望するお客様は総客数の1％程度しかいないと思います）。

とにかく、対象となるお客様に「特別な商品とお買得感」を用意して、お申し込みいただくのです。「商品ありき」の企画とは違い、レストランの常連さんに対して、メニューに載っていないフルコースをご提供するような、完全に「お客様ありき」のカスタマイズ企画です。

また、3～10万円の高額セットをつくることで、他にもメリットが生まれます。それは、高額商品があることで、1万円のセットが手を出しやすい価格帯に見えるということです。つまり、サロンに高額セットを掲示すると、「10万円⁉　こんな高いの誰が買うの～?」と感じるお客様がたくさんいるのですが、「完売」札がつけられているのを見て、「こんなの買う人がいるんだぁ。1万円のセットなら私も申し込んでみようかなぁ」と、不思議と割安感が演出できてしまうのです。

申し込むとさらに欲しくなる予約申込金制度

手付けを打てば迷いは消える

不動産や車、そして家具やエステ、旅行代金の一部入金など、代金の一部をわずかでも差し入れた瞬間に、自分の中の「買わなくてもいいんじゃないか?」「やめたほうがいいんじゃないか?」という迷いが消えていく感覚を味わったことがないでしょうか。代金の大半をまだ支払っていないはずなのに、一部でも入金すると、不思議と購入した気持ちになるものです。

美容室の予約販売も、同じことです。申し込み時に手付金をお支払いいただくことで、最後まで残る「買わないほうがいいんじゃないか?」という迷いを消して差し上げましょう。

◊予約金で、支払いへの抵抗感をなくしてもらう

117ページでお伝えしたように、美容室に来られるお客様の一般的な「購入即決金額」は「カット料金より安い額」です。ということは、最低価格が1万円前後の予約販売商品だと、勧められた直後に購入を決断できるお客様は、かなり少数に限られてしまいます。

したがって、高額商品を幅広いお客様にご案内しようと考えると、

①予約時に「申込金」として一部を入金していただく
②商品引き取り時に残金をお支払いいただく

という2段階に分けて、「お買い求めやすさ」をつくることがどうしても必要になります。

◊予約金がトラブルを未然に防ぐ

商品について一生懸命お伝えした結果、「予約していきますよ」とお客様に言っていただけた。その感動が、たった2ヶ月後に「キャンセル続出」という大きな悲しみに変わる――かつてこうした問題が何度も発生したことで、私は「仕組みに不備があるの

だ」と痛感しました。

その解決策として生み出したのが、「1000円以上でお好きな金額」を予約申込金としてお預かりするというシステムです。

なぜ、1000円以上なのか?

これは、一般的な所得の方にとって「簡単に支払えるが、失うには惜しい金額」という観点から弾き出しました。

お客様が〝ノリ〟で申し込もうとしても、「お帰りの際に予約申込金として1000円以上でお好きな金額をお預かりします」とお伝えすることで、再考の余地を残します。

「1000円を支払ってまで予約する覚悟があるか?」と、最終的な意思確認をしてもらうのに大変効果的です。

中には「1000円を支払いたくない」お客様もいらっしゃるわけですが、「本当のところ、そこまで欲しくなかった」お客様を、申し込み段階でふるいにかけることができるので、その後のドタキャン率が確実に減少します。

また、この仕組みを導入したことで、ドタキャン率が激減するだけでなく、「どうせ払うのなら、全額払っていくね」と全額払いをしてくださるお客様と、「後で支払うのも大変だから半分入れてくね」といったように、前払いをしてくださるお客様が大勢生まれたのです。これは予期せぬ収穫でした！

◯予約申込金がないと、どうなるか

参考までに、予約申込金を頂戴しないで予約を受けつけた場合の代表的なトラブルを紹介します。

- 商品のお得感につられ、後先を考えずに申し込みをした
- 美容師さんの表現を、「とりあえず申し込みだけでも入れておいてください」という意味に受け取り、「義理」や「ノリ」で申し込みを入れた
- 強引なお勧めだったので断りきれず申し込みを入れた

申し込み動機が「思いつき」か「嫌々」なので、やがて日々の生活で忘れてしまいます。そしてお客様はすっかり忘れた状態で来店されます。

予約引換券の例

予約券

お名前				
■予約内容	予約日　／		お渡し日　／	
商品名	サイズ	価格	本数	小計
		¥	本	¥
		¥	本	¥
		¥	本	¥
		¥	本	¥
予約金	残金		合計	
¥	¥		本	¥

予約の品をお持ち帰りいただこうと用意すると、「えっ？　そう言えば何か申し込んでたっけ〜。ごめん、忘れてたわ〜。今日お金ないんで、キャンセルしてもらえる？」などとあっさり言われてしまいます。このとき「引き取ってもらわなければ困ります！」とは言えません。泣く泣く美容師さんはキャンセルを受け入れ、ちょっとした人間不信を味わうことに……。こういった悲しいできごとを何度も経験し、未然に防ぐ手段として生まれたのが予約販売時の申込金制度でした。

　申込金を頂戴した際には、予約された商品の詳細と、予約申込金額を明記した「予約引換証」を発行し、お互いにトラブルが起きないようにすることも必要です。

何と言ってもお得感は購入の大きな動機になる

買えば得する「お買い得」感の演出

予約販売は、予約することで何らかのメリットを得られるのがその醍醐味です。

もちろん〝限定〟された商品を手に入れる喜びも小さくはありませんが、それはあくまでもブランド力があるアイテムや、すでに多くのファンがいる、〝手に入りにくい〟商品に限られてしまいます。

では、お客様が思わず予約してしまいたくなる原動力とは一体何なのでしょうか？

そうです！　やっぱり「お得感」が購入動機としてはぶっちぎりの第一位です。

「お得です」というフレーズは、いまいち興味がなかった商品だったとしても、「何がどのようにお得なの？」とお客様を引きつけるパワーがあります。

スーパーのタイムサービスで、ワイワイ賑やかにお客様が集まっているのを目にすると、何が売られているかわからなくても、「行かないと損しちゃうかも!」と感じるようなものです。通常の動線を乱してまで、タイムサービスのフロアに向かってしまう主婦の感覚を皆さんも理解できるのではないでしょうか。

女性にとって〝お得感〟は魅力的な言葉なのです。

◇「今すぐ」申し込みたくなる〝お得感〟の演出

具体的な〝お得感〟には、次のようなものが挙げられます。

「今、予約申し込みをすると……」

①10%(○○%引き)の割引になります!
②1000円引き(○○円引き)になります!
③3000円相当(○○円相当)の金券プレゼント!(料金から割引が受けられる金券。使用期間を発行日から3ヶ月以内にするなど、使用制限があってもよい)
④ヘッドスパ3回無料券、フェイシャルエステ3回券など指定技術の無料券
⑤さらにもう1本プレゼント!

⑥オリジナルプレゼント（美容グッズ、その他商品など）
⑦お徳用（増量タイプ・業務用）が手に入る！

などがありますが、他にもお客様が〝お得〟と感じるような特典であれば、どんなものでも構いません。

ただ、結婚式の引き出物同様、サロンオリジナルTシャツやエコバッグなど、お客様にとってお得かどうかわかりにくい独りよがりな特典は避けましょう。

予約販売の企画集①　まとめ買い応援企画

この企画はまさに文字通り、「まとめて買い物をしたい」お客様を対象にした、買えば買うほど割引率が上がるという直接的な企画です。これを予約販売と組み合わせることで、あらたな売れ方「シェア買い」の促進にもつながります。シェア買いとは、欲しいお客様が他の人を巻き込んでみんなでお買い物をすることを指します。

海外旅行で立ち寄ったスーパーや免税店などで「Buy3 Get1 FREE（3個買ったら1個プレゼント）」といった表記を目にしたことがありませんか？　また、あなた自身、次のようなやり取りを見たこと、またはしたことがありませんか？

「私は2個買う予定があるんだけど、だれか一緒に買わない？　そしたら1個プレゼントになるから、1個あたりが安く買えるし……」

このセールスプロモーションの面白いところは、買いたい人が安く買うために自分で集客をする点です。つまり、はじめの購入希望者を「一緒に買おうよ」と誘う営業マンにしてしまうことができるのです。その結果、買いたい人が新たに買う人をつくり出し、美容室であれば店販における紹介客を生み出すことにつながります。

なお、まとめ買い応援企画は、その商品をすでに気に入っているお客様が対象の企画であり、はじめて購入する方が大量購入というのは現実的ではありません。あくまでヘビーユーザーの「お得に買いたい」という心理が前提にあります。

たとえば、娘さんがお気に入りのシャンプーがあったとします。「自分の予算では2本までしか買えないけれども、だれか一緒に買ってくれる人がいたらもっとお得に買えるのに……。そうだ、お母さんにも使わせよう、妹にも使ってもらえるなら5本くらいいけるかも」と、買いたい人が次々に仲間を増やしていく。これがまとめ買い応援企画のメリットです。

買えば買うほど安くなるプランのほかに、買えば買うほどプレゼントがついてくるという2種類の展開ができます。

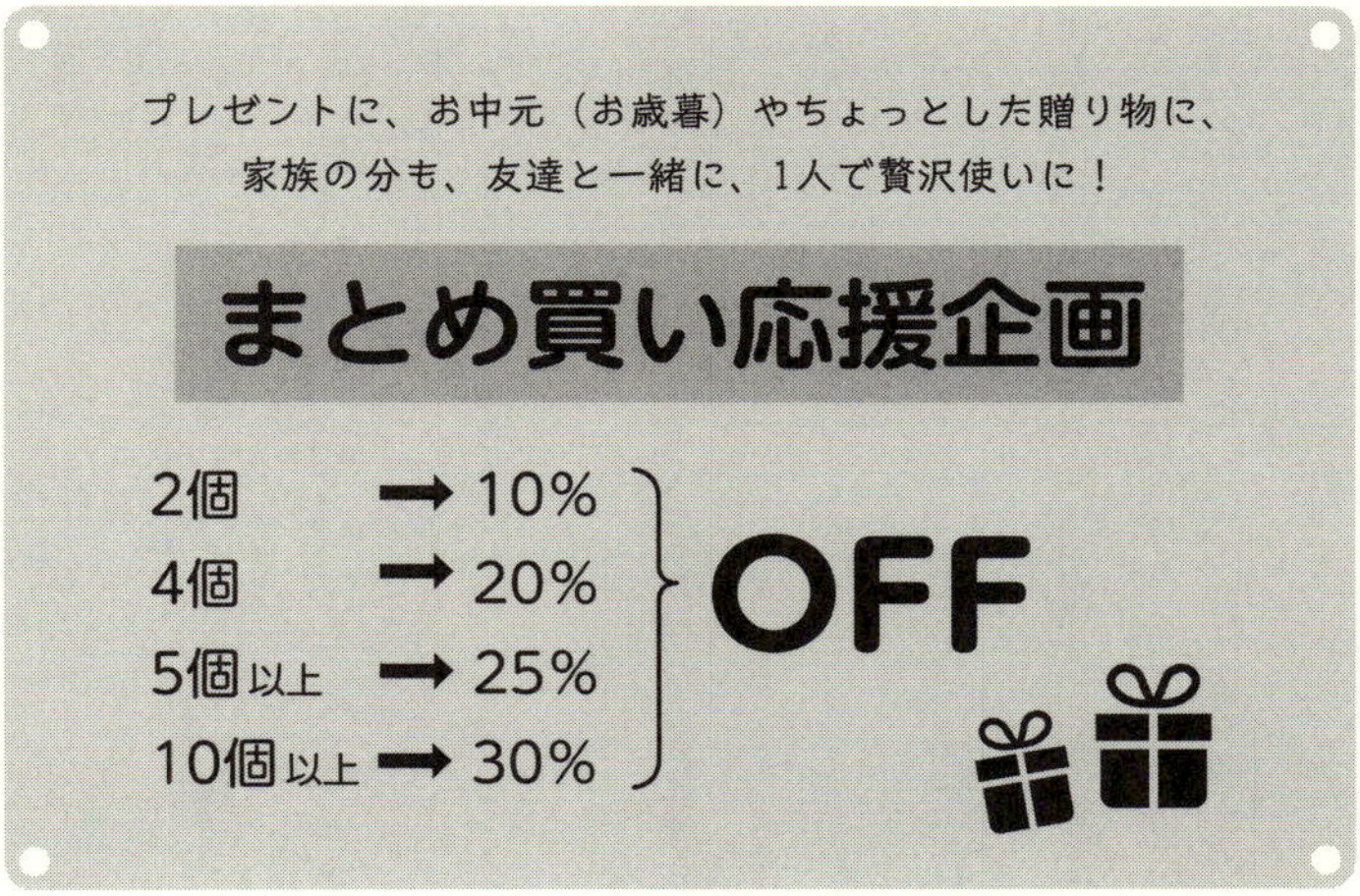
プレゼントに、お中元（お歳暮）やちょっとした贈り物に、
家族の分も、友達と一緒に、1人で贅沢使いに！
まとめ買い応援企画
2個 ➡ 10%
4個 ➡ 20%
5個以上 ➡ 25%
10個以上 ➡ 30%
OFF

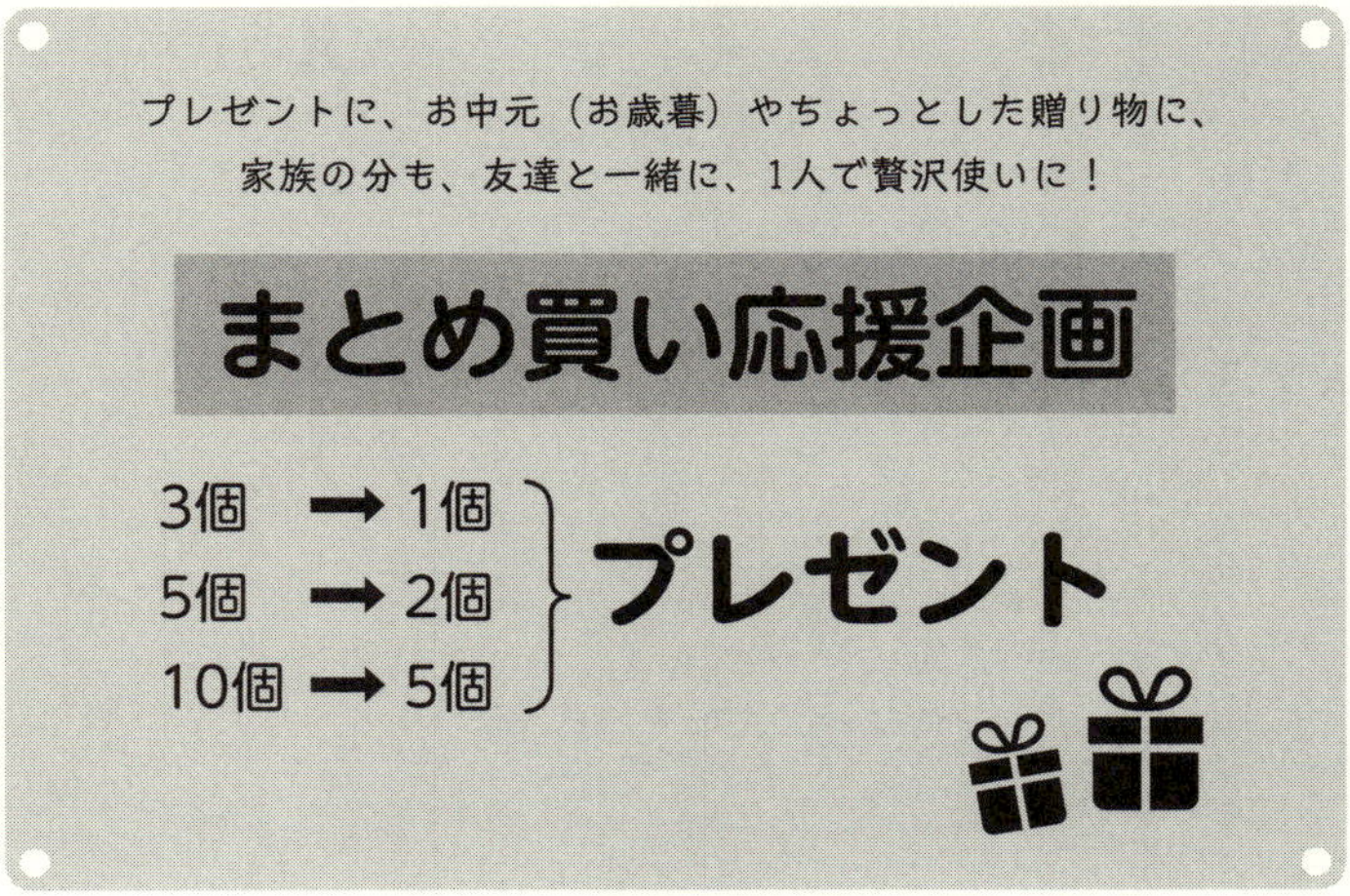
プレゼントに、お中元（お歳暮）やちょっとした贈り物に、
家族の分も、友達と一緒に、1人で贅沢使いに！
まとめ買い応援企画
3個 ➡ 1個
5個 ➡ 2個
10個 ➡ 5個
プレゼント

予約販売の企画集②
大容量ボトル（レフィル）の売り方

ここでは、大容量ボトル（レフィル）の売り方とＰＯＰの書き方についてお伝えします。予約販売はレフィルで展開することが基本となっています。ＰＯＰで大容量ボトルのお得感を演出し、さらなるお得感を味わっていただきましょう。

左の図を見てください。

この商品は、美容メーカー大手のミルボン社が販売している「ｍＩＬＢＯｎ」というブランドです。他社の製品も多くは、レギュラーサイズ、ミドルサイズ、ラージサイズの３ラインが店販サイズで、さらに２・５ℓなどの業務用が１ラインで構成されているかと思います。この項では、業務用の販売は対象としていないので、店販サイズのＰＯＰをご紹介します。

大容量のボトルのお得感をアピールしたPOP

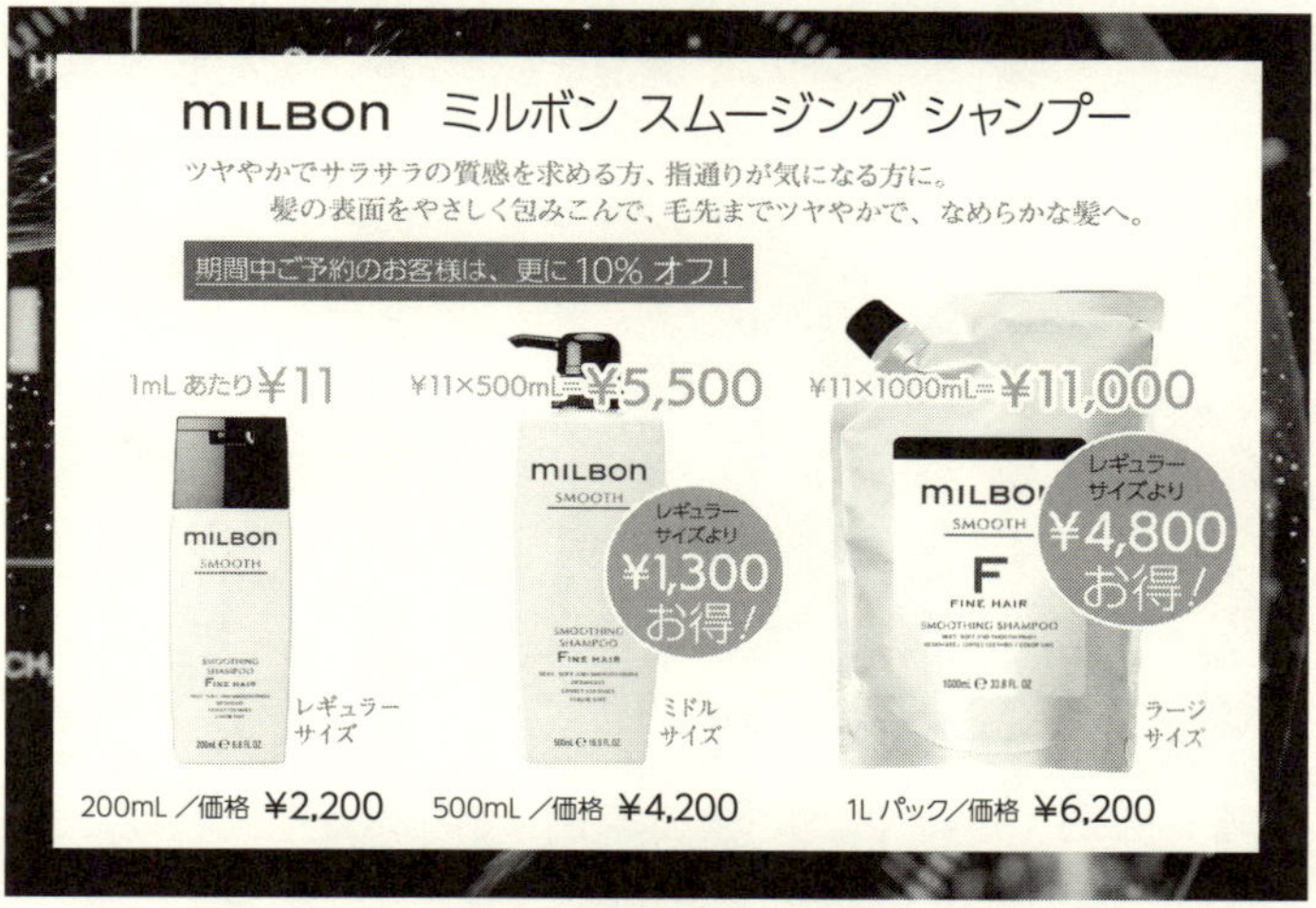

図を見ると、サイズが大きくなるほど、標準小売価格が割安に設定されていることがわかります。

ミドルサイズはレギュラーサイズより標準小売価格が１３００円抑えられた値づけで、ラージサイズはレギュラーサイズと比較すると、４８００円もお得な値づけになっていることがわかります。ミドルサイズとの比較では、ラージサイズが２２００円お得な価格設定になっています。

ＰＯＰで表示する際は、よりお得感を出しやすいレギュラーサイズと比較するのがベストです。

①レギュラーサイズの1㎖単価を計算する（価格÷容量＝1㎖単価）
「2200円÷200㎖＝11円」で、レギュラーサイズの1㎖単価は11円となります。

②ミドルサイズ・ラージサイズの容量をかける
レギュラーサイズの1㎖単価にミドルサイズの容量をかけると「11円×500㎖＝5500円」となり、ミドルサイズの本来価格「5500円」が導き出されます。ミドルサイズの標準小売価格は4200円に設定されているため、その差額、1300円（5500円－4200円）がお得であると導き出されます。
ラージサイズの計算も同様で、「11円×1000㎖＝1万1000円」、本来価格は「1万1000円」となります。ラージサイズの標準小売価格は6200円ですから、その差額である4800円（1万1000円－6200円）がお得となります。

予約販売でPOPを掲示する際には、さらに「10％OFF」という文字を加えると、元々お得な価格がさらに割引されているように見えて、購入を後押ししてくれます。

予約販売の企画集③　自由選択型福袋

お客様と相談しながら中身を決めるカスタマイズ型福袋

福袋は全国的に成功例の多い企画であることに間違いはありませんが、成功確率という点では改善の余地のある企画です。その理由は次の通りです。

- 欲しくない商品が含まれている（それを除いて価格を少しでも下げて欲しい）
- はじめての購入でいきなりこんなにたくさんは、さすがに買えない

これは美容業界に限ったことではなく、福袋という企画そのものが持っている弱点と言えます。そこで、これらの問題を解消する福袋企画を考えました。

自由選択型福袋とは、お客様が欲しい商品だけを選択し、自分専用の福袋をつくって

いただく企画です。

まず、左ページの図のようなA・B・Cのカテゴリーを設定します。

A：美容室にとってベースとなる大容量系のヘアケア
B：現在、美容室で最も伸びている美容家電
C：雑貨や頭皮エッセンス系など、サロンで押していきたいA・B以外のアイテム

次に割引とシステムを解説します。

まずA・B・Cいずれかひとつのカテゴリーから商品を選択すると、その時点で10％引きが成立します。ひとつのカテゴリーからしか選択しなかった場合は、10％オフが確定して終了します。

残る2つのカテゴリーの中にも買ってみたい商品があれば、新たに購入を決めた商品は15％オフ、加えて最初に購入を決断した商品も15％オフに割引率がアップします。3カテゴリーから2カテゴリーを選択したことで、割引率が10％から15％にアップしました。

自由選択型福袋のシステム

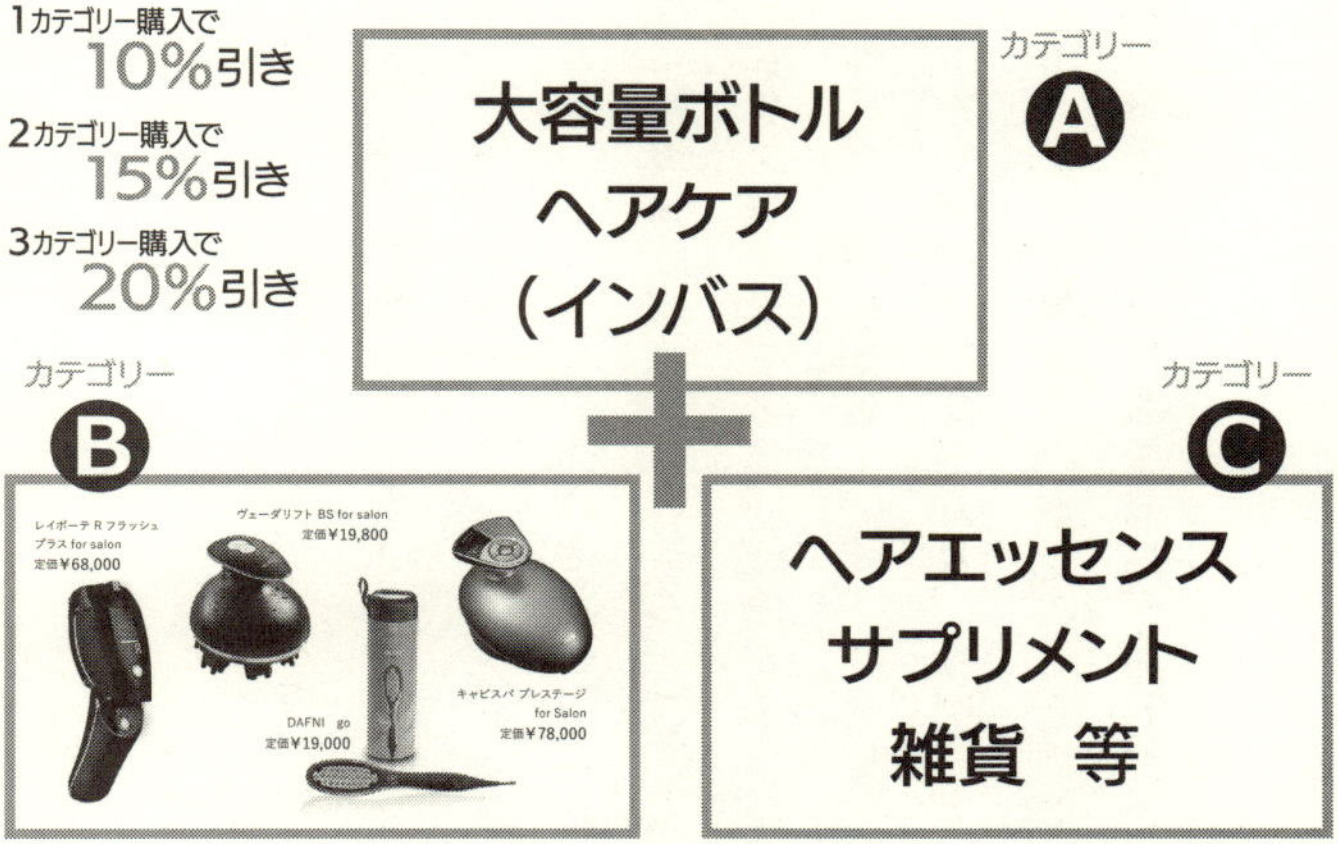

残す最後のカテゴリーにも買ってもいいなと思う商品が含まれていた場合、それを選択することで、割引率はさらに5％増え、全商品15％から20％にアップします。

このように、各カテゴリーを見ていただき、自分が欲しいと思う商品を組み合わせて選択すれば、買うごとに割引率が高くなっていくように設定されています。

次に提案ストーリーを紹介します

1　お客様が興味を持つ商品を特定してご案内する

2　どのカテゴリーの商品でもいいので、まずは1品を10%引きでご予約いただく
3　1品でも予約してくださったお客様に対して、「自由選択型福袋」のご提案をする

「実は今、『お客様が欲しい物だけでつくる、自分専用の福袋をつくろう』という企画を開催してまして、ちょっとだけご案内させていただきますね。
今、お客様が選んでくださったのはAのカテゴリーの商品なんですが、残るBとCのカテゴリーからも何か選んでいただくと、選ぶたびに割引率が5%ずつ上がって行く仕組みになってまして、たとえば、当店一押しのこのドライヤーなんですが、これをシャンプーと同時にご予約いただくと、シャンプーも15%オフ、ドライヤーも15%オフになるんです。さらに、Cのカテゴリーで大人気の酵素ドリンクも併せて申し込んでいただくと、今選んでくださったすべての商品が20%オフになるんです。欲しい物だけで自分だけのご褒美セットを組み立てていただこうと考えて企画したので、気になる商品があればこの機会にご検討ください」

このようにご提案します。1品でも購入を決めてくださったお客様には、「お客様が

得する内容」ですから、必ずご案内をしてください。後から「そんな話は私は聞いていない」とクレームになる可能性があるので、お客様が得する情報は絶対に伝え漏れがないようにしましょう。なお、割引率はあくまでも参考例とお考えください。

この企画のメリットを整理します。

①一気に全商品が含まれている福袋を提案するのではなく、まず1品から予約を決めていただき、そこを起点に「カスタマイズ型の福袋」という企画のご案内をすることで、美容師さんは他の商品の提案がしやすくなり、お客様も「何か面白いのはないかしら?」と選びながら、楽しくお買い物をしていただくきっかけになる

②複数のアイテムを短時間、かつ一度に紹介する機会がもらえる(通常、店販は1来店で1品程度しかご案内できないが、このシステムなら一度にすべてご紹介できる)

③買えば買うほど割引率が高くなる仕組みで、お客様の購買意欲を刺激する

④カテゴリーの商品を多彩にすることで、関連性のないアイテムでも同時に紹介できる

⑤定番(メイン)の「予約販売対象商品」とは別の商品で企画すれば、同時期に企画を2本実施することもできる

◯自由選択型福袋のバリエーション

この企画は数種類のバリエーションで展開することができます。代表的なバリエーション企画を紹介します。

1　カテゴリーAにサロンのメイン商品を配置し、カテゴリーB・Cはカテゴリーーを購入した人にしか購入権利がないというルールにする（こうすることで、メイン商品をサロンが大切に考えているという意志が伝わる）

つまりカテゴリーAをご購入のお客様だけに、カテゴリーB・Cを特別価格でご提供するというのが企画の主旨となります。そうすることで「B・Cの商品を特別価格で買いたい」と感じるお客様には、あらためてカテゴリーAのメイン商品をお勧めすることが可能となり、メイン商品をセットでご使用いただくきっかけになります。

2　ヘアケアのライン提案。カテゴリーAには「シャンプー」、カテゴリーBには「トリートメント」、カテゴリーCには「マスク」「スタイリングケア」「頭皮エッセンス」等を配置し、一度にライン使いを提案することもできる。

3　スキンケアのライン提案。カテゴリーAには「洗顔&クレンジングセット」、カテゴリーBには「化粧水」「乳液」、カテゴリーCには「美容液」「クリーム」などを配置し、一度にライン使いを提案することもできる。

予約販売の企画集④金券や回数券と併せたパッケージ商品

店販とは、「物を販売すること」と思われているかもしれませんが、実は「金券」や「回数券」という「権利」を同時に販売したっていいんです。

金券　「技術」「店販」に使用できる自社紙幣で、額面金額と同等の価値と交換できる

回数券（3回券・5回券）　ヘッドスパ・トリートメント・フェイシャルエステ・育毛・まつエクなどの施術権利を回数券化

予約販売では、商品と抱き合わせて、これらの金券、技術回数券も販売することができます。

アシスタントが多数在籍していて、技術によるサービスが負担にならないサロンで

商品＋金券・回数券の予約販売

スキンケア6点セット（3万円）＋フェイシャルエステ5回券（1万5,000円）＝総額4万5,000円

▶ご予約された方に限り、このセットを3万円でご提供

お客様は実質1万5,000円のプレミアムを得られる

シャンプー＆トリートメント＆スカルプエッセンス（1万5,000円）＋ヘッドスパ3回券（6,000円）＝総額2万1,000円

▶ご予約された方に限り、このセットを1万5,000円でご提供

お客様は実質6,000円のプレミアムを得られる

（※どちらも技術サービス分をそのまま無料化することで、商品の値引きは一切していないことになる）

は、商品価格の値引きを行なわずヘッドスパなど〝未来の施術サービス〟で値引き相当額を捻出するのもいいでしょう。

この場合、その後もお客様がヘッドスパを習慣化してくれる可能性があるので、できる限り3回以上の回数券にしてください。来店のたびにヘッドスパを体験することで、「この心地よさを失いたくない」と感じてくださるお客様が一定数生まれます。

そうなれば、回数券がなくても毎回オーダーしてくださるお客様をひとり開拓したことになり、予約販売を通じてさらなる売上を獲得することにもなります。

予約販売の企画集⑤　カスタマイズ予約

VIPのお客様専用企画

本書では価値と金銭感覚について何度も触れてきていますが、来店するお客様の中で最も美意識が高く、お金も持っている方に焦点をあてた企画をご紹介します。

一般の金銭感覚では、2万円のセット商品は高価と感じるかもしれません。しかし、高級外車に乗り、高級な衣服、アクセサリーを身に着け、別荘やリゾート権を保有し、新幹線は常にグリーン車、1泊2万円以上のホテルに宿泊し、1回の飲食で2人で3～4万円を支払うお客様は普通に存在します。このような方々にとって2万円程度の出費は、いたって日常に過ぎません。

予約販売の肝は「贅沢感」なので、一般の企画ではこのようなお客様に特別感を持っていただくことは難しいでしょう。そこで考えたいのが、VIPのお客様一人ひとりに向けた特別なキャンペーンを企画することです。

代表的な例を挙げてみます。

おそらく、このようなお客様はサロン商品のいずれかを定期購入してくださっているはずです。そこでたとえば、基礎化粧品の特別セットを企画してみます。

〇〇様だけにご用意した特別な企画

化粧水　6000円×5本＝3万円
乳液　8000円×5本＝4万円
美容液　1万5000円×3本＝4・5万円
計11・5万円のセットを購入していただくと、1万5000円の美容液2本プレゼント

この企画の最重要ポイントは、次の3つです。

①お客様が欲しくなる商品で構成すること
②現時点では企画中で、大切なお客様にヒアリング中であること
③お客様が賛同してくれたら、企画を会社に通せるという前提にすること

この企画を実行する際には、次の段取りが必要です。

①特別企画を提案するお客様のリストアップをし、企画内容と併せて会社に申請する

②特別企画の内容が実現できる条件か、取引先と条件交渉をする

③すべてを口頭で話すと周りのお客様に聞こえかねないので、ひと目でわかる企画書を準備しておく

絶対にやってはいけないのは、アシスタントをはじめ、他のスタッフに提案を任せることです。担当スタイリストが個々のお客様のことを考えて企画し、本人が直接、「このような企画を考えてみたんですけど、実現したらどうです?」とお伺いを立てる手間を絶対に惜しまないでください。この企画は、「美意識が高くお金持ちのお客様」と「信頼関係にあるスタイリスト」という関係性が提案のベースになっているからです。

リストアップすると、総顧客の1%程度(各サロン5~10名程度)の対象者が存在すると思います。あなただけの企画(私だけの企画)という考え方を取り入れて、カスタマイズ予約に取り組んでみてはいかがでしょうか?

VIPのお客様専用企画のトーク

〇〇様、いつもお使いいただいている化粧品なんですが、夏の企画としてこのような案が出ているんですが、こういう企画が実際にあれば興味あります？

（企画内容の記載された書面を見せる）
（現時点では「検討中」である旨を伝える）

▶前向きな回答（あら、いいじゃない、ぜひやってちょうだい。化粧水と美容液が少なくなっていたからちょうどいいし、うちの姉にも美容液を頼まれていたので儲かっちゃった！）

そう言ってもらってよかったです～。会社に許可もらいますので、ご予約していっていただけますでしょうか

▶後ろ向きな回答（さすがにそんなにたくさんは必要ないかな～必要な分だけ買うからそういうのはいいわ）

ですよね、さすがにここまでは必要ないかなとは思ったので、ちょっと〇〇様に相談してみました。現在「3点セット10％OFF」でご予約を承っていますので、この機会にいかがですか？

（カスタマイズが断られたら、一般企画のご提案をして終了）

最新型特典のつくり方

割引をせずに企画を組めないものか？

または、割引方法がマンネリしてしまい、盛り上がりに欠けるようになった……。

何年も予約販売を続けていると、このような声が聞こえてきます。そこでこの項では、商品自体は定価販売をし、特典に金券を使う方法について解説したいと思います。

「金券」を出す。これは昔から存在する一般的な手法ですが、金券の発券方法、金券の使用方法によっては、新たな技術売上の創出につながるなど、驚くほどメリットの高い企画に進化させることができます。実際例でご説明しましょう。

まず、金券は必ず３００円の単位で発券します。

金券・回数券の予約販売

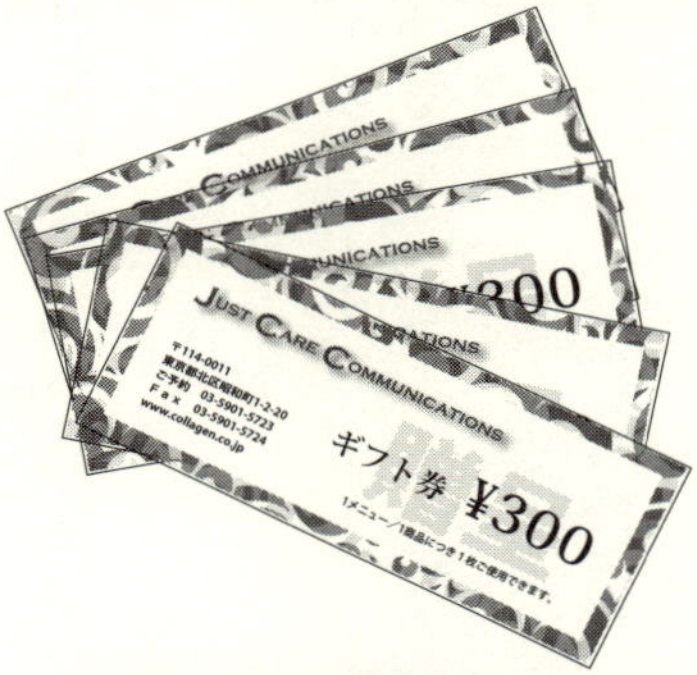

1枚300円の金券を用意する

実際例

1万円の商品をご予約いただいたお客様に15％相当額の金券をバックすると仮定します。金券1枚は300円に設定しているので、5枚で合計1500円分を発券することになります。

金券の発行に否定的になる最大の理由は、発行した金券を次回再来時に一気に使われてしまい、その月だけ単価が大きく下がることを懸念するからです。たしかに、金券を50万円分発券した場合、その2～3ヶ月後に一斉に使用されるのは目に見えています。

そうした意見はごもっともではありますが、使い方の独自ルールを設定することで、いとも簡単に回避することができます。それどころか、その金券を通じて新たなメニューや店販の活性化につなげることも可能なのです。

まず、この金券は次のような使用方法で使っていただきます。

1000円以上の「メニュー」で、「店販」ひとつにつき1枚（300円）使える。

カット&カラーであれば、それぞれ1枚ずつ使用できるので、合計600円分の金券を使うことができます。加えて、トリートメントとスパをしていただけるなら、そこでも1枚ずつ合計600円を使用することができます。

この金券発行法が優れているのは、お客様にとってはメニューを割引金額で受ける機会につながり、サロンにとってはダンピングのダメージを緩和させ、新たなメニュー提案のきっかけとなり、単価アップが実現する点です。つまり、金券発行が新たな売上獲得のチャンスとなるのです。

この金券の発行により、**店販商品は定価で販売するので、利益が確定**します。その後、割引の代わりに発行された金券が数ヶ月後の経営に悪影響を及ぼさないよう、金券の額面を300円にし、使用ルールを1000円以上のメニューと商品1個につき1枚と制限します。

さらにお客様が持っている金券を余らせることなく、有効活用していただくために、今までやっていないメニューや店販をご案内します。高額メニューであれば、一度に5枚使えるとするのも効果的です。それでも使い切れない場合は、他人への譲渡も可として、紹介に活用していただきます。

発券した金券をお客様に有効活用していただけるよう、魅力的な商品やメニューを季節に合わせて投入し、ご案内することも大事です。

こうした施策で、お客様は新たなメニューや商品に出会うことになり、サロンは金券のダメージを受けることなく、さらなる売上アップにつなげていくことができます。

フロント商品として金券を発行し、次回来店以降で売上アップにつなげることから、「フロント&バックエンド戦術」と名づけています。

企画のメリット

①店販商品を割引せずに定価で販売できる

②1メニュー・1商品につき1枚（300円）しか使用できないため、ダンピングによるダメージを防げる

③金券を消化するため、さまざまなメニューを提案するきっかけになる（「金券が使用できるので、せっかくですからいかがですか？」）

④期限が迫った場合、知人友人に譲渡し、紹介獲得につながる

⑤金券を使えば使うほど、お客様は多数のメニューをオーダーすることになり、結果として客単価の向上につながる可能性がある

⑥店販にも使用できるため、商品もお勧めしやすくなる

⑦「高額メニューではクーポンを3～5枚使える」などの対応があってもよい（例：5,000円のトリートメントには3枚使用可、など）

フロント&バックエンド戦術を成功に導くポイント

使用ルール

①1,000円以上のメニューに限り、1メニューにつき1枚（300円）金券を使うことができる

②1,000円以上の商品に限り、1個につき1枚（300円）金券を使うことができる

③有効期限内に使う

④友人知人に譲渡することもできる

企画を成功に導くために

①1,000円以上のメニューを多数開発する

②季節のメニューを用意する

③金券活用のチャンスをたくさん用意する

受付に「行列パワー」を仕掛ける！

盛り上がっている雰囲気が購買意欲を押し上げる

予約販売の申し込みを増やすには、受付開始後の環境づくりが欠かせません。

そもそも、繁盛店やタイムサービスなど、多くの人が集まるお店や場所には、その〝場〟にふさわしい雰囲気というものがあると思いますが、その雰囲気は「つくられた」ものなのでしょうか？　それとも「つくった」ものなのでしょうか？

答えは、どちらもイエスです。

「盛り上がったからその雰囲気になった」という場合もあるでしょうが、「その雰囲気をつくったから盛り上がった」ということもあるということです。つまり〝人〟さえ集まれば、その雰囲気はいかようにも演出できるのです。

どういうことか？　わかりやすい例を挙げましょう。

行列のできるラーメン屋さんを見ると、うまい店に感じられ、行列はますます伸びていきます。反対にガラガラのラーメン屋さんには「まずいからなのだろう」と連想し、お客様がますます寄りつかなくなります。

つまり、行列パワーはいい意味でも悪い意味でもお客様に大きな影響を与えるのです。

これを美容室の予約販売に置き換えると、どんな状態が〝行列状態〟になるでしょうか？

申し込みが申し込みを呼ぶ！

ラーメン屋さんや特定のイベントなら、並んでいる人の数を見れば盛り上がっているかどうか、それがよさそうか悪そうかイメージしやすいのですが、予約販売は対面で小さな契約を積み重ねていくものなので、大勢のお客様が受付に並んでいる状況をつくることは、現実的ではありません。

ではどのようにして、多くのお客様に支持されている企画だと感じてもらえばいいでしょうか？

さぁ、美容室なりの行列パワーの仕掛けどころです。

美容室では「予約者の数」を見ていただくことで、多くのお客様から支持を受けている企画だと感じてもらう方法を取ります。要するに、お客様の申し込み内容をドンドン掲示していけばいいのです。具体的には、5つの情報を大々的に掲示します。

①予約者の苗字　フルネームの掲示を嫌うお客様が多いことと、個人情報の問題から、苗字のみが好ましい

②申し込み商品名　これから申し込む人は、どの商品が人気かを知りたい

③申し込み本数　他の人がどれくらい予約しているか、人気度を知りたい

④申込金額　内金を入れている人がどれだけいるのか、またどのくらいの金額を入れているのかを知りたい

⑤申し込み日　いつの時点で申し込みが入っているのかを知りたい。受付開始早々に予約が多数入っていると、この企画を待っているお客様がたくさんいるように感じられる

これらの情報をサロン内の特に目立つ位置に掲示することで、お客様はこう思います。

①オープンな企画で、自分だけが狙い打ちされているわけではないと安心する

②多くの予約を見て、支持者がたくさんいるんだと安心し、興味が湧く

③高くて買えないという思い込みが取り払われ、仲間入りしたいと思うようになる（こんなにたくさんの人が申し込むんだぁ〜、みんな髪に結構お金かけているんだな〜）

④高額な商品を購入できる「グレードの高いお客様」が来ているサロンだと認識する

掲示があることで、あたかも店頭で行列を目撃したかのような状態をつくり出し、お客様が「申し込んでみようかな」と思いやすくなる効果が生まれます。

さらに効果を高めるには、「スタッフの分」「スタッフの家族の分」「お得意様から先行受注」（連絡して注文をいただいておく）を一般告知前に受けつけておいて、予約受付開始直後に20セット程度の予約を掲示するのも一案です。お客様には「もう20セットも申し込みが入ったの！」と感心され、支持されている企画だと伝わります。

アクセントをつけて予約数を伸ばそう！

予約に際し、「おひとり様3セット限り」という注意書きを加えてみましょう。これは、店販の限界を突破するために非常に重要なアクセントです。

美容室でのお買い物は、ひとりのお客様が、自分に必要な分量を最低限だけ購入される場合が多いのはわかりますよね。これがたとえば「ケーキ屋さん」だったら商売はどうなるでしょうか？　つまり、自分が食べる1個だけを購入するお客様しか集まらなかったとしたら……かなり厳しい経営になるではないでしょうか。

美容品は自分のお気に入りをひとつ買うお客様が多く、ひとりが複数個買うイメージは湧きにくい業種かと思います。しかし現実には、家族でシェアして使う、お母さんに使わせたい、お姉ちゃんにも1個プレゼントしよう、という需要は日常的にあります。「おひとり様3セット限り」というPOPを掲示することで、自分の分でも「もう1セット買っておこうかな？」、あるいは「お母さんに買っていこうかな？」といった心理が働き、それが複数セットへの申し込みにつながっていくのです。

なお、「予約者掲示はダサくてサロンの雰囲気に合わない」と言われることもありますが、「やらない理由」を言う前に、ぜひ美しい掲示の方法を考えてみて欲しいと思います。センスを売りにする美容師さんの腕の見せどころだと、私は期待しています。

サロンでの予約者掲示

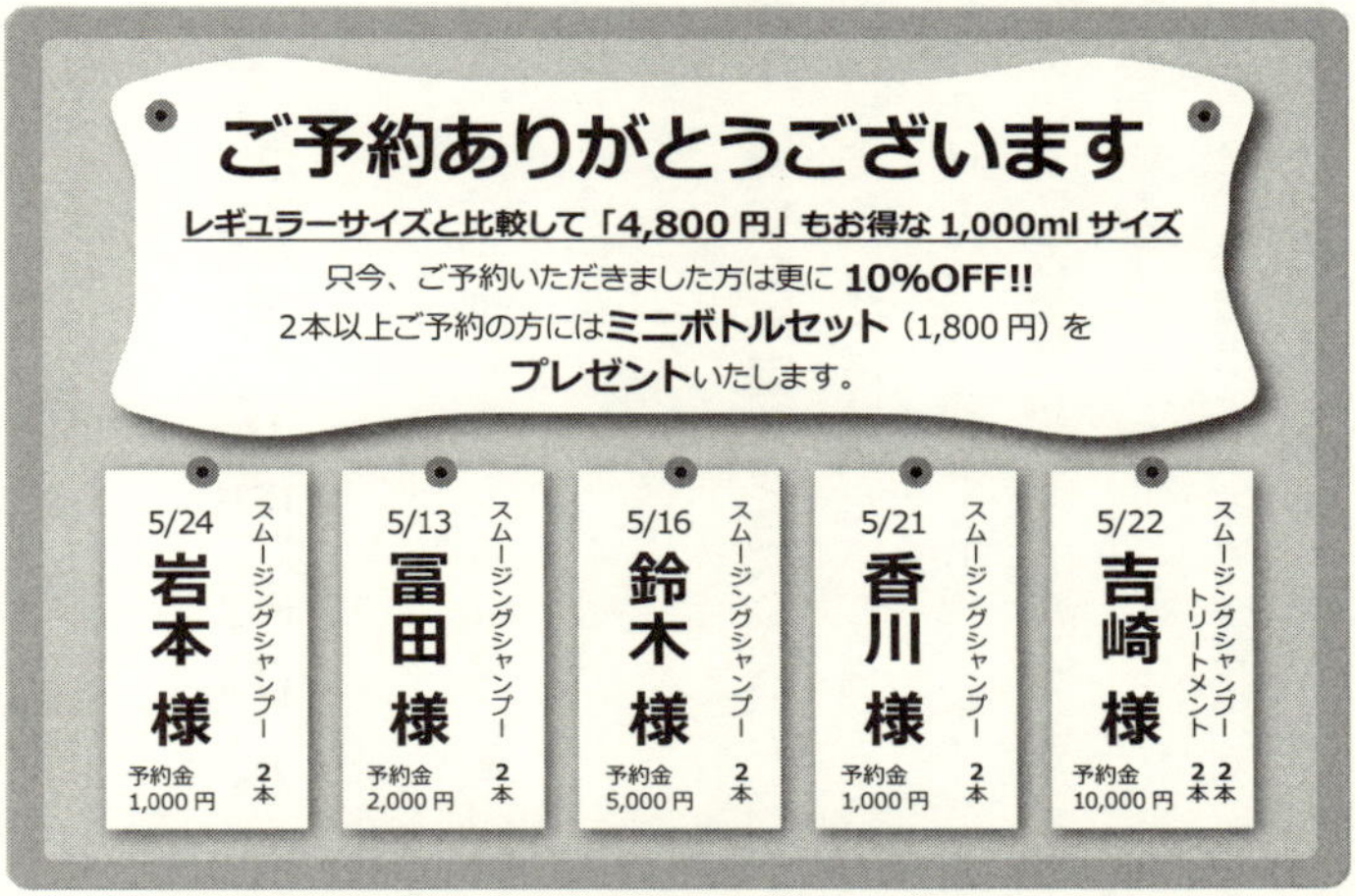

ご予約ありがとうございます
レギュラーサイズと比較して「4,800 円」もお得な 1,000ml サイズ
只今、ご予約いただきました方は更に 10%OFF!!
2本以上ご予約の方にはミニボトルセット（1,800 円）を
プレゼントいたします。
5/24 岩本様 スムージングシャンプー 2本 予約金 1,000 円
5/13 冨田様 スムージングシャンプー 2本 予約金 2,000 円
5/16 鈴木様 スムージングシャンプー 2本 予約金 5,000 円
5/21 香川様 スムージングシャンプー 2本 予約金 1,000 円
5/22 吉崎様 スムージングシャンプー 2本 トリートメント 2本 予約金 10,000 円

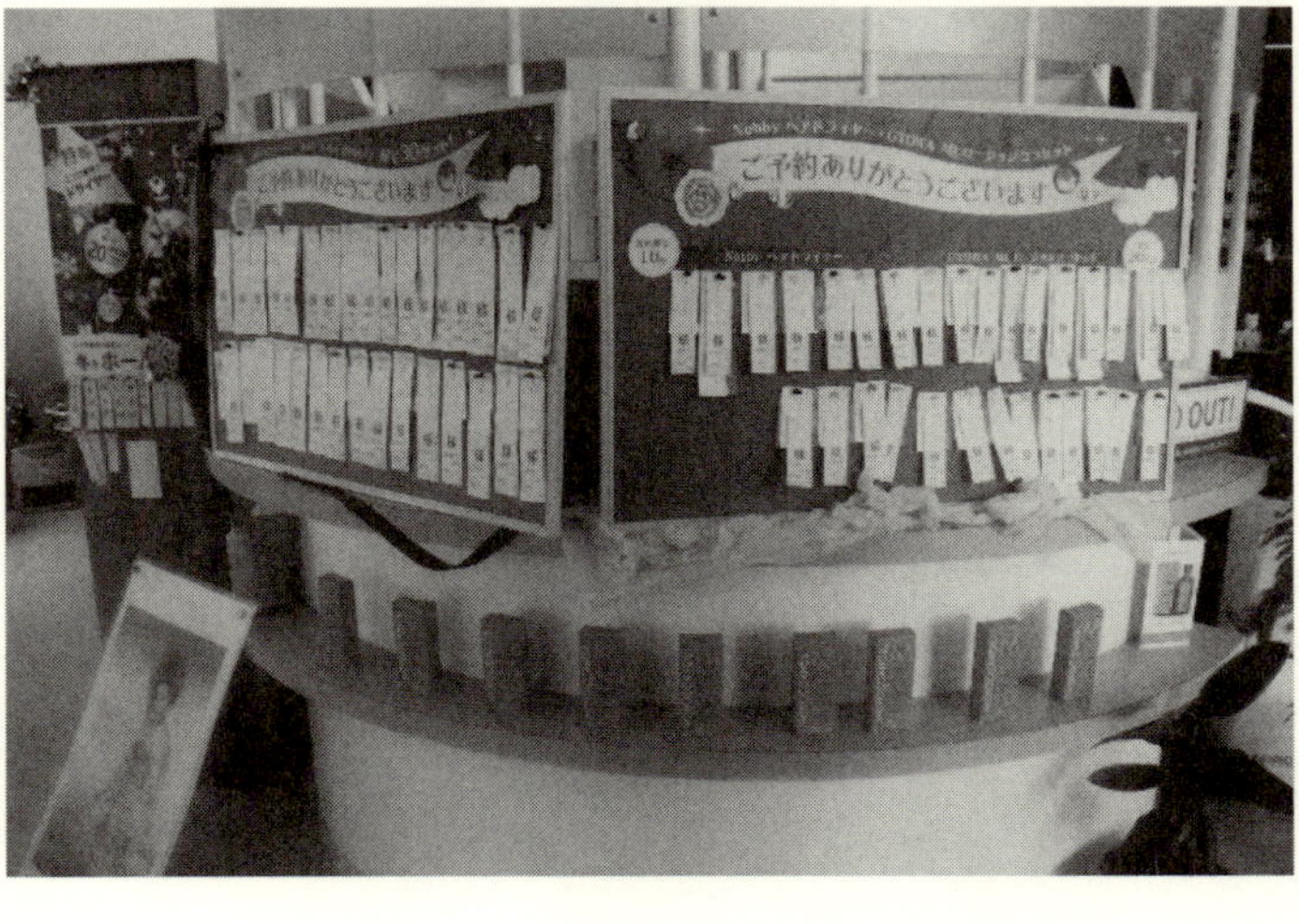

ご予約ありがとうございます

予約販売企画時のNG集

この項では、予約販売を企画したにもかかわらず、思うような結果につながらなかったサロン様の失敗例をご紹介します。

失敗1　適切な限定数が読めない

予約販売でやってはいけないこと。それは、限定数を読み誤ることです。

勢いで企画して「限定100セット！」と掲げたものの、予約開始から1ヶ月たった段階での申し込み数が10セットだとしたら……。この商品、および企画は不人気商品に見えてしまいます。

予約販売は、掲載ボード上で行列ができることによって予約に拍車がかかるものなので、このように申し込み数が伸びない状況に陥ると、お客様からは不審の目で見られますし、美容師さん自身が、すべってる感を醸し出してしまいます。この時点で、ボードを隠してしまいたい衝動に駆られるのもごく自然な心持ちです。

なぜ、このような失敗につながったのかと考えてみると、「根拠なき限定数」が、問題を引き起こした直接的な要因だったことがわかります。

「このくらいはいけるだろう」とか、「この数字を達成するには、このくらいやらないといけない」といった感覚的な捉え方です。どんな場合でも失敗する企画には、「お客様」の存在がありません、サロン本位の企画は成功したためしがありません。

そこで、限定数を決める際は、次ページ図のような「予約見込み表」を必ずつくってください。「商品それぞれについて、誰が予約するか」を想定してリストアップするのです。ここでたとえば70人という見込み数になったら、限定60セットに設定する。想定見込み数よりやや少なめに限定数を定め、結果的に数が不足して第二弾に突入する流れになるほうが企画は盛り上がり、数字は伸びていきます。

予約見込みの精度が高まると、在庫のコントロールが見事に当たるようになります。

予約見込み表

店販見込み客リスト

1		1		1		1	
2		2		2		2	
3		3		3		3	
4		4		4		4	
5		5		5		5	
6		6		6		6	
7		7		7		7	
8		8		8		8	
9		9		9		9	
10		10		10		10	
11		11		11		11	
12		12		12		12	
13		13		13		13	
14		14		14		14	
15		15		15		15	
16		16		16		16	
17		17		17		17	
18		18		18		18	
19		19		19		19	
20		20		20		20	
21		21		21		21	
22		22		22		22	
23		23		23		23	
24		24		24		24	
25		25		25		25	

予約販売というすばらしさは、お客様が「買いやすい」だけでなく、「在庫を余らせることがなくなる」点にあります。

店販を経営的に考えた場合、いくら数字が伸びたとしても、在庫をたくさん抱えたのでは意味がありません。在庫を残さずに売上があがることで、利益が最大化する。それが、経営的に見た予約販売のメリットです。

したがって、「限定数」の見極めが経営的には最も大切になるわけです。

右の表を使って、予約販売に該当する全商品をピックアップし、実際に予約してくださる可能性のある見込み客数を明確にしましょう。

失敗2　予約者の掲示で売れない企画がますます売れなくなる

掲示に予約者を貼り出してみると、どの企画は予約数が伸びて、どの企画は失速するか、一目瞭然ではないでしょうか。この掲示だと、サロン側にとってもお客様にとっても大変見やすく、現状把握がしやすくなります。

ただし、その分、売れていない企画が明確になってしまうという難点があります。予約受注は全商品が均等に伸びていくわけではなく、一気に伸びるときもあれば、停滞す

ごちゃ混ぜの予約者掲示

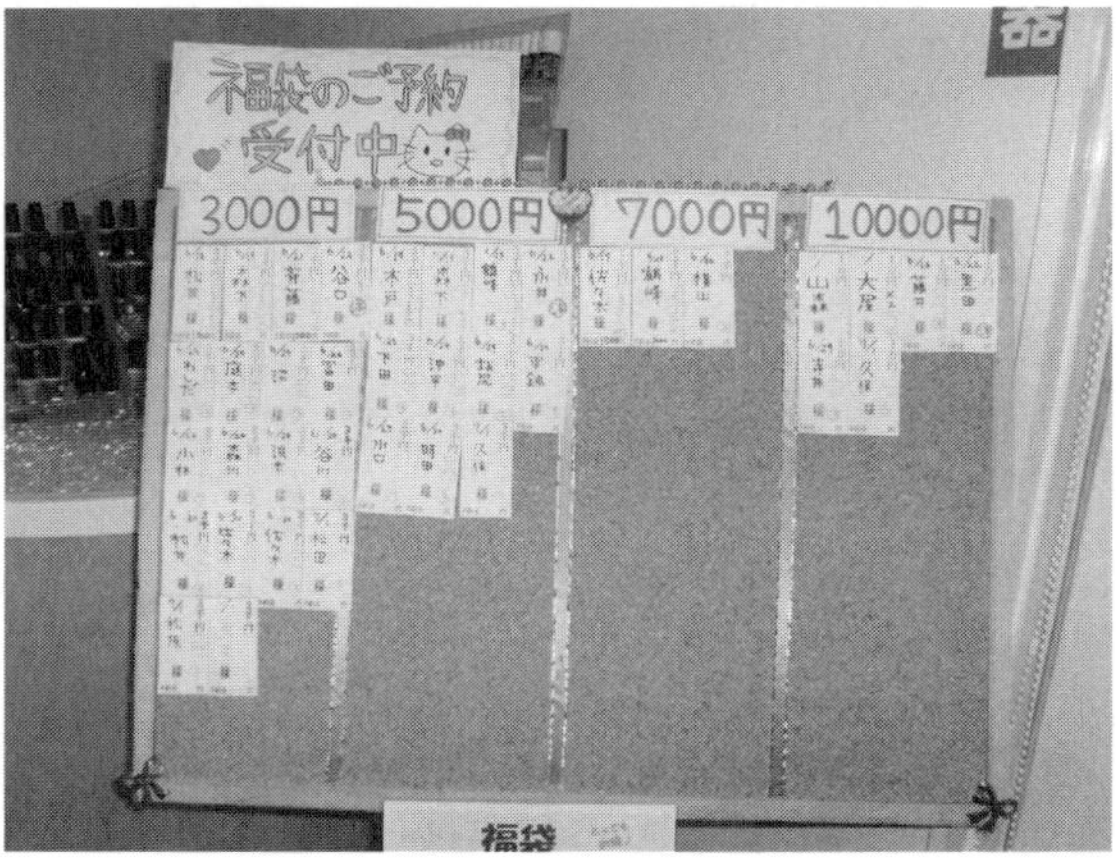

ることもあります。一見すると「人気がなさそう」な掲示が貼ってあったとしたら、お客様は内心、「これ、申し込み入ってないじゃん（全然売れてないじゃん）」と思い、予約に躊躇してしまいます。

こうしたことにならないよう、予約掲示は企画ごとに整理せず、ごちゃ混ぜに貼り出すことをお勧めします。実際の予約数はノートやパソコンで管理すれば簡単に把握できるので、わざわざ伸び悩みをお客様に見せる必要はありません。

ラクなのに〝ぶっちぎり〟の購入比率を実現する「もれなく当たるキャンペーン」

さまざまな店販キャンペーンを見てきて、「そのキャンペーン、結果が出にくいからやめたほうがいいのにな〜」と私が思う代表的な企画が、「一律全商品20％ＯＦＦ」というものです。これだと、**いつも買うお客様が「必要数をまとめ買い」するだけで、それ以外の関心が薄いお客様を巻き込むことはできません。**そこで、関心の薄いお客様も含めたすべてのお客様を巻き込みつつ商品をご紹介できる「もれなく当たるキャンペーン」の組み方についてお伝えします。

まず、次ページのようなクジを用意してください。ボックスの中に、特等からハズレまでのクジを入れておきます。そして、「冬のビューティフェスタ」などのタイトルと「特等からハズレ」までの特典を記したポスターを、店内入り口付近に目立つように掲示します。

準備は以上で終わりです。準備が終わったら１８０ページのように進めましょう。

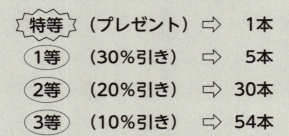

「ビューティフェスタ抽選クジ」の内訳例とポスター例

〈1ユニット100本の当選内訳〉

特等	（プレゼント）	⇨	1本
1等	（30％引き）	⇨	5本
2等	（20％引き）	⇨	30本
3等	（10％引き）	⇨	54本

「100分の1→特等」「100分の5→1等」「100分の30→2等」「100分の54→3等」「100分の10→はずれ」

常時一定確率を維持することで、特等なしの悲劇を防ぐとともに、特等が出る確率を100分の1に抑えることができる

冬のビューティフェスタ
本日に限り！
対象商品割引
特等
1等
30%
OFF
2等
20%
OFF
3等
10%
OFF
キレイのプレゼント♪
ハズレ
ごめんなさい
ヘアケア＆
コスメ＆
ビューティ
グッズの祭典

ビューティ
フェスタ
開催期間：　月まで
ヘアケア＆コスメ＆ビューティグッズの祭典
「キレイ」のプレゼントGET！
「キレイ」が
特等
当たる!!
1等
30%OFF
対象商品
本日に限り
2等
20%OFF
対象商品
本日に限り
3等
10%OFF
対象商品
本日に限り
はずれ

「もれなく当たるキャンペーン」の進め方

①「特等で差し上げるプレゼント賞品」を目立つようにレセプションカウンター付近に陳列

実際にプレゼントする商品をクジのすぐそばに陳列することで、「特等が当たればこれがもらえる！」というワクワク感を演出できます。

②来店されたお客様の受付をすませ、企画趣旨を説明

> 当たれば何かがもらえる「冬（夏）のビューティフェスタ」を開催中なので、どうぞクジを引いてください！

と言ってレセプションカウンターでクジを勧める。お客様は「え～、何が当たるの？」と興味津々です。

「○○円以上購入したお客様にはクジを引く権利があります！」といった、「まず何かを買ってください」というキャンペーンとは違って、入店しただけでもれなくクジに参加できるわけですから、お客様には嫌がる理由がありません。迎える側の美容師さんにとっても「○○円以上購入していただくとクジが引けるんです～」という説明だと心苦しく感じますが、来店されたお客様なら誰にでも無条件に与えられる権利なので、ラクな気分で対応できるはずです。

つまり、この仕掛けを導入することで、互いに“ワクワク”を共有しながら店販紹介の「ハッピースタート」が実現できるのです。

③クジを引いてもらい、何が当たっているか一緒に見る

おめでとうございます！　特等（1・2・3等）が当たりましたぁ～

と言って、特等のお客様にはプレゼントを選んでもらい、1～3等のお客様には賞品説明をします。

本日限り有効な、商品等に使える割引クーポンが当たりました～。対象商品とメニューが特別価格になりますので、何か気に入ったものがあれば、ぜひともお使いくださいね

こうお伝えしてカウンセリングに移行し、対象商品にメニューが入っている場合にはそれらのご提案をします。

POINT

▶特等にはWチャンスとして2等の権利（「本日中に限り有効な商品20％割引クーポン」）を持たせておくと、他の商品を気分よく購入してくださる可能性があります。

▶ハズレを引いたお客様には、当たりが出るまで何度もチャンスをあげてください。
ハズレを入れることに意味がないと思われるかもしれませんが、あえてハズレを入れておかないと、「10％引き」が一番低いクジ、つまりハズレの位置に押しやられてしまいます。

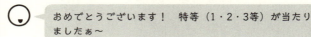

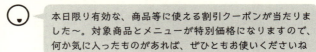

「もれなく当たるキャンペーン」商品紹介のコツ

「もれなく当たるキャンペーン」で割引クーポンが確定した後は、皆さんの好きなタイミングで結構なので、「必ず」次のようなお伺いを立ててください。

「先ほど当たりましたクーポンなんですが、今日ご使用になりますか？」

すると、「前に言ってたシャンプーにも使えるの？　じゃあこの機会に1本買ってくね」「あっそうだったね、私は何を買えばいいと思う？」「どうしよう、せっかくだから使おうかなぁ」「何かお勧めはある？」といったような答えが、驚くほど返ってきます。

これは革命的な売れ方です。店販は通常、「美容師さんが選んだ商品を提案する」→「お客様はその提案を受け入れるかどうか検討する」という流れで進みます。それが、提案とは無関係に「買う」、もしくは「せっかくだからクーポンを使う」ことが先に決まり、後から「何を買えばいいか？」を相談されるという逆転現象が起こるのですから。

それでも、まったく関心のないお客様からは「使いません」と断られるケースも当然ありますが、散々商品説明をしたうえで断られたわけではありませんので、痛くも痒くもありません。「当たったクーポンを使用するか？　しないか？」という親切心で伺っているだけで、モノを売りつけているのではないからです。いわば、おかわり無料の喫茶店で「よかったらコーヒーのおかわりはいかがですか？」と勧めて、「結構です」と返された程度の軽さなので、気にすることは何もないのです。

お客様にとっても興味が湧かなければ「使わない」と軽い感じで断ることができるので、提案する側、断る側双方にとってハッピーな店販になります。

簡単な仕組みですが、来店時にお客様のテンションを上げげつつ、技術・店販の両方をお勧めするきっかけにもなり、なおかつすべてのお客様にお声がけができ、断るほうも断られるほうも気楽で、さらに言えば、混雑時のアプローチ難（暇なときは店販のご提案がしっかりできるが、忙しいとできなくなる）をも一気に解消するという完全無欠の方法です。お客様が購入を迷っている商品があれば、「クーポン使えばいいじゃないですか！」とクロージングに導くこともできます。

この企画でひとつだけ注意しておきたいのは、**年間2回以内に抑える**こと。あまりに頻繁に開催すると、飽きられるか、「次のクジのときに買うわ」などと断られるようになってしまうからです。

「もれなく当たるキャンペーン」のメリット

来店されたすべてのお客様を対象に行なう「もれなく当たるキャンペーン」のよいところについて、あらためてまとめてみましょう。

- ハズレがないのですべてのお客様を違和感なく（不快感なく）店販紹介に巻き込める
- お勧めトークも「クーポン使います?」と聞くだけ（聞かれるだけ）なので、美容師さん・お客様双方に負担がない
- 「割引クーポン」は「使わなくてもよい」ので、お客様は断りやすく、勧めるほうも気がラク
- 「せっかく当たった権利をムダにしたくない」という気持ちから、「せっかくだから何とか有効に使いたい」と思うお客様が多く生まれる

5章

高額品にも挑戦！
美容家電の店販

高額美容家電の店販例　高性能ドライヤー

ここからは、昨今の店販売上のけん引役である「美容家電」の販促方法について解説していきます。提案方法については、東証一部上場の美容家電メーカー、ヤーマン株式会社の製品を例にご説明します。

美容家電に限らず、商品を販売するうえでまっ先に行なうことは、その商品の機能、デザイン、効果・効能を求めるお客様は誰なのか？　これをまず、考えてみることです。

マーケティングの世界では、「ターゲット」と言って、そのサービスや商品を求める典型的なユーザー像を設定します。ユーザー像を詳細に設定するマーケティング手法に「ペルソナ」があります。これは、まるで本当にそんな人が実在しているかのように、ユーザーの性別、年収、年齢、居住地、職業、役職、趣味、特技、価値観、家族構成、生い立ち、休日の過ごし方、ライフスタイルまで詳細条件を設定することで、ターゲットを絞り込むマーケティング手法ですが、サロンでは購入層に幅があったほうが勧めやすいので、ペルソナのつくりこみはメーカーサイドに任せましょう。

それでは、高機能性ドライヤー「ヴェーダブライト」を例にご説明します。

このドライヤーの特異ポイントは、「育成光線を放つ大風量による速乾」「30～60℃という低温設計」「静電気除去機能」「イオンブライトコームを使用した通電トリートメント機能」なので、実際にサロンでドライする際にも、この機能を生かすことが望まれます。

お客様の中には、質感の変化がわかりにくい、という方もいるので、可能な限り、ハーフヘッドテストを行ないましょう。すると、完全に使用した際の質感の違いを左右の髪で確認していただけます。

2万8000円という価格帯は、現在の高機能性ドライヤーの中では特別高額なわけではありませんが、一般のお客様にとっては依然として高いハードルです。できる限りサロンで体感し、製品の効果を実感していただいたうえで、購入を決断していただきましょう。高機能性ドライヤーの市場拡大は、今から本格化していきます。

高機能性ドライヤーの販売方法

こんな方におススメ!

- ドライヤーの熱ダメージ、パサつきが気になる方
- エイジング毛が気になる方（細毛・ボリュームダウン・艶がなくなってきた・うねる・ハリコシがなくなってきた方）
- 今の髪にしっとり、ツル、サラ、ツヤ感を足したい方
- 静電気が気になる方
- アイロン使いで髪が硬く、ゴワついている方
- 痛ませずに最速で乾かしたい方
- ハイダメージの方
- 縮毛矯正の持ちを良くしたい方
- トリートメントの効果を上げたい方
- スカルプケアに興味がある方（育成光線で地肌ケア）
- コンパクトに収納したい方（高性能ドライヤーを持ち歩きしたい方）
- 広がり、まとまりの無さ、毛先を落ち着かせたい方
- 寝ぐせのつきにくい髪にしたい方
- 高性能ドライヤーの重さに困っている方

ワンポイントアドバイス　お客さまへのアプローチ方法

「ヴェーダブライト」は、何よりもまず使用感（仕上がりの良さ）に好意を示してくれた方が、ご購入第一候補になります。

従いまして、ドライ時に必ず業務使用をしていただくことをお勧めします。
その際は、「今日はヤーマンから新発売の【美髪コームドライヤー】で仕上げさせて戴きますね！」
などと紹介します。

アプローチ例

来店時の髪の状態を確認して戴く（施術前に来店時の質感を記憶して戴く） ▶ アフターシャンプー後、温風（60℃）でドライ ▶ ハーフヘッドのみ低温（30℃）でドライ ▶ 冷風をあてた髪を「イオンブライトコーム」で「モイスチャーパルス」し、ハーフヘッドを仕上げる ▶ お客様に来店時、左右の髪の状態を比較して戴く ▶ 仕上げしていない髪を冷風、イオンブライトコーム仕上げして、全体を美しく整える

アピールポイント

なお、ヴェーダブライトが他社製品と異なる大きな特徴は下記の3特性です。

- 電気の力で美髪、静電気防止に導く「イオンブライトコーム」（モイスチャーパルス）
- 大風速、軽量化、小型化の同時実現
- 超低温化の実現（高温60℃、低温30℃）

使用感（仕上がりの良さ）に好意を示してくれた方へは、上記3つの特性をご紹介します。
その後、「おいくら？」と聞いてきてくださったお客様は、高確率で購買意欲が沸き上がっておりますので、
「速乾　美髪　静電気除去　軽量　コンパクト（持ち歩き可能）の5つの特徴を持っていて
28,000円はお買い得だと思いますよ」などと後押しをしてみましょう。

高額美容家電の店販例　ヘッドスパマシン

テレビCMによって、アンファーの「スカルプD」が一躍、有名商品となりました。その影響もあってか、スカルプ（頭皮）関係の需要は堅調に伸びています。美容家電メーカー各社もスカルプに関連するマシンを投入し、今では一般的になりました。

ヘッドスパマシンの代表的な効果・効能は次の3点です。

①頭皮マッサージ効果によるスカルプケア、②揉み出し感の気持ちよさから得られるリラクゼーション、③頭皮の引き締めによるリフトアップ。

ヤーマン社の「ヴェーダリフト」という高機能性ヘッドスパマシンは、この3点に加え、「フェイシャルスパ」「ボディマッサージ機能」「音波洗浄と絞り出し機能による頭皮のデオドラント」という機能を追加しています。

体臭、口臭など、匂いに関係するエチケットアイテムは男性を中心に関心が高いので、特に男性にはデオドラント機能をご案内するといいでしょう。また、女性の関心が高い機能、男性の関心が高い機能を併せて盛り込んでいるため、ご提案するお客様の層を広く取ることができます。ただ、そうなるとターゲットが絞りにくくなるため、その商品を求めるお客様は誰なのか？　をしっかりとターゲティングする必要があります。

192ページの図に書かれている人達がターゲットとして挙げられます。お勧めする商品は必ずターゲットを特定しておきましょう。この図からおわかりいただけるかと思いますが、次の2つのカテゴリーでの提案方法が考えられます。

①スカルプマシン
②リラクゼーションマシン（マッサージ器）

「スカルプにいい影響を与えるマシン」のほか、「リラクゼーションを叶えるマッサージ器」という役割を紹介することで、ターゲットを絞りながらも広く提案できます。

具体的な提案方法としては、有料メニュー化し、その後、一定期間を「無料体感キャンペーン」にすることで価値を上げ、多くのお客様に体験していただくことが望ましいでしょう。ただし、シャンプー時の使用では、お客様の目に触れず、何をされているかわからずに終わる可能性が高いのが難点です。シャンプー時の使用後に、必ず、

「先ほど使ったヘッドスパマシンです。アタッチメントを替えるとマッサージ器としてもご使用いただけます」

と、シャンプー時以外の用途もご紹介しましょう。

お客様は、まず体感し、さらに自宅のどんな場面で使用するのかを想像できないと、購入に至りにくいものです。「疲れたときにお風呂の中で使えば癒される!!」など、できる限り自宅使いのイメージが膨らむような提案を心掛けてください。

ヘッドスパマシンの販売方法

こんな方におススメ!

- エイジング毛が気になる方（細毛・ボリュームダウン・艶がなくなってきた・うねる・ハリコシがなくなってきた方）
- スカルプケアに興味がある方（毛穴の洗浄、抜け毛が気になる方など）
- 地肌へのスタイリング剤残りが気になる方（ちゃんときれいに洗浄したい方）
- ヘッドスパに通いたいが、なかなか時間が取れない方（セルフヘッドスパ）
- 脳が疲れている方（考え事が絶えない人、悩みがある方、ストレスのある方）
- バスタイムで癒されたい方（湯船につかりながら全身セルフスパ　※完全防水）
- 勉強時にリフレッシュしたい学生さん（すっきりして眠気が飛びます）
- 眠気覚ましが必要な方（すっきりして眠気が飛びます）
- 育児で疲れているお母さん（癒されてすっきりします）
- フェイシャルマッサージを自宅でしたい方（顔がマッサージできるアタッチメント付き）
- 地肌の臭いが気になる方（お子様にも使用できます）（毎分7,000回の音波振動と毎分57,600回のタッチ揉みで汚れを浮きだたせ、絞り出します）
- イライラがたまりやすい方（気持ちよさに癒されます）
- 耳の後ろ、鎖骨下、詰まりやすいリンパのケアに
- 首や肩、デコルテの凝りを解消したい方
- 足の疲れやむくみを解消したい方（フットケアにも使えます）
- 頭皮エッセンス（トニックなど）の効果を上げたい方（ブラックシリカによる育成光線）
- リフトケアに興味がある方（地肌の引き締めはリフトアップに好影響）

ワンポイントアドバイス　お客さまへのアプローチ方法

「ヴェーダリフト」は、何よりもまず使用感（気持ちの良さ）に好意を示してくれた方が、ご購入第一候補になります。

従いまして、気持ちの良さを体感しやすい部位である、地肌　お顔　首　おでこの生え際　耳の後ろ　鎖骨下　への体感を、“サービスの一環”として積極的にお勧めしましょう。

アプローチ例

シャンプー台で業務使用する場合は、施術料金を500円～1000円程度に設定し、

「有料メニュー化」したうえで、一定期間中「音波洗浄スパ、無料体験実施中」というイメージで展開します。

有料メニューを無料で提供することにより
「無料体感キャンペーンを行っているので、今日はシャンプー中に使わせて戴きますね！」というご案内がしやすくなります。

このキャンペーンを組むことで、大半のお客様に体験していただくきっかけを戴きます。

アピールポイント

なお、ヴェーダリフト施術を有料で行う根拠としては、以下の3つの特性を挙げます。
音波洗浄　育成光線　57,600回のタッチとしぼり揉みだし機能
つまり、人の手では出来ないこの3点の特性を、有料化の根拠と考えます。

体験により興味（好意）を示したお客様へは、より強い揉みだし感を味わえる、フェイスアタッチメントもセット面等でご体感戴きます。両方のアタッチメントを試していただくことで、自宅使いのイメージを膨らませていただけるのではないでしょうか。

受験生を抱える親御さんには、勉強時のリフレッシュにいかがですか？　というフレーズも効果的です。

デスクワークなどの途中にヴェーダリフトを使用すると、リフレッシュできると喜びの声をいただいています。

高額美容家電の店販例　脱毛器

脱毛市場はサロン、家電と併せて拡大しています。それは、脱毛に関する認知度が上がったこと、女子化する男性が増えたこと、大人化する子供（学生）が増えたことに起因します。

「男性の脱毛と言えばひげ」という認識は古く、現代は、女性と同じような価値観で脱毛する男性が増えています。

ヤーマン社の高速連射脱毛器「レイボーテＲフラッシュＰＬＵＳ　ｆｏｒ　Ｓａｌｏｎ」の場合、１９７ページのタイプがターゲットとして挙げられます。

脱毛器は、使用目的別ターゲットのほか、客層ごとの提案を考える必要があります。

ターゲット客層は次の５分類に分かれます。

①脱毛サロンに現在通っているお客様

②脱毛サロンにかつて通っていたお客様
③脱毛未経験者
④学生（小学生～高校生）
⑤男性

客層によって脱毛器の用途が異なる部分がありますので、それに応じて提案する必要があります。

①脱毛サロンに現在通っているお客様

代表的な部位はサロンで施術を受けるため、基本的には不要です。しかし、顔の産毛、足や手の指、その他ふいに生えてくる体毛のケアについては、家庭用脱毛器との併用が考えられます。

②脱毛サロンにかつて通っていたお客様

代表的な部位はサロンで施術済みのため、基本的には不要です。しかし、①と同様、顔の産毛、足や手の指、その他ふいに生えてくる体毛を、再度サロンで施術してもらうのはまれで、家庭用脱毛器の購入チャンスがあります。

③脱毛未経験者

脱毛未経験の方は、そもそも脱毛に関心がない方を除けば、脱毛に対する恐怖心があったり、効果に疑いの気持ちを持っているために、脱毛に踏み切れていない可能性があります。このようなお客様には、脱毛器購入者による肯定的な体験談と、実際に行なった脱毛箇所を見せるのが最も効果的です。不安が払拭され、脱毛への期待が高まります。

④学生（小学生～高校生）

こちらの客層は、思春期というのがその理由の第一位です。とりわけ肌露出の多い体育会系の方が、関心を持つ傾向にあります。一流アスリートの多くが全身脱毛をしていることも、後押しになっています。

両親が子供の体毛の濃さを気にかけることも多く、本人が脱毛を希望する以外に、両親の希望で購入を決断するケースが激増しています。

母親の脱毛器を共用したり、子供専用として購入するなど、クラスの中に脱毛経験者が増えるにつけ、追随購入者が増えていくのは、スマホやゲーム機の普及の仕方と同様です（「みんな持ってる！」と親に言う）。両親が子供を気にかけての購入、プレゼントとしての購入、テストの点数や部活をがんばった際のご褒美としての購入、お年玉の使い道としての購入など、購入までのストーリーは多岐にわたります。

このように脱毛器は、小学校高学年から購入を検討する両親が増えています。

⑤男性

「ひげ脱毛」の需要の他、女性と同じ感覚で体毛を気にする男性が増えています。ひげ脱毛を希望する方は、強い期待感を持つ反面、実際の購入は慎重になりがちです。サロンで販売する脱毛器は、女性と同様、体毛用途で購入する方をターゲットの第一候補にしたほうが、実績は伸びていきます。

脱毛器の販売方法

こんな方におススメ!

脱毛サロンに行くのが難しい方（費用、時間、地域、恐怖など）	脱毛サロンに通うのを辞めた方（費用も大変だし、希望日に予約が取れず、通い続けるのが難しい）	脱毛サロンと併用したい方（自分でできる部位はセルフで！）	脱毛サロンのコースは終了したが、まだ残っているムダ毛が気になる方
お肌の状態が理由で脱毛サロンへ通えなくなった方	初めてムダ毛ケアをしてみたい方	好きな時間に自分のペースでムダ毛ケアをしたい方	フェイスのムダ毛ケアもしたい方
男性の全身ムダ毛ケア	やっぱりヒゲを何とかしたい！	小中高生（思春期でもありますし、ムダ毛が気になる方）※需要が伸びています！	子供の毛の濃さが気になる親御さん（お子様へ買ってあげたい）
アスリート、スポーツをする方（露出が多いためムダ毛ケアをしたい）	足や手の指の毛が気になる方	照射時の痛みに耐えられない方（個人差はありますが、痛くないとの評価を沢山戴きます）	夏が近づいてきたので、ムダ毛のケアを始めたい
子育て中のママ（時間に追われているので、空いた時間でさっとムダ毛ケア）	家族みんなでシェア使いしたい方	1回あたりのムダ毛ケアを最短時間で済ませたい方（高速連射フラッシュ4分完了）	美肌ケアも同時にしたい方（ヤーマン独自の美容光を同時照射&3色LEDで美肌ケア）

ワンポイントアドバイス　お客さまへのアプローチ方法

「レイボーテ」は当然ながら「家庭での」ムダ毛ケアに興味（好意）を示す方がご購入第一候補になります。
お客様を5つのカテゴリーに分けると下記のようになり、それぞれ提案ポイントが変わります。

脱毛サロンに通っているという客層

この層のお客様には、
自分でできる部位はセルフで！　フェイスや指などのムダ毛もケア
好きな時間に自分のペースでムダ毛ケア　美肌ケアも同時可能
などが訴求ポイントとなります。
なお、サロン脱毛に通っているお客様は、家庭用の出力の弱さに不安を持つ方が多いようですが、弱い分、回数を打つことで効果を上げる。というのが美容家電のコンセプトになります。

脱毛サロンにかつて通っていたという客層

この層のお客様には、
脱毛サロンのコースは終了したが、まだ残っているムダ毛のケア
脱毛終了後もふいに生えてくるムダ毛のケア　フェイスや指などのムダ毛もケア
好きな時間に自分のペースでムダ毛ケア　美肌ケアも同時可能
などが訴求ポイントとなります。

脱毛サロンには通っていないがムダ毛ケアには興味がある

この層のお客様には、脱毛サロンと併用する方もいる　これを特に強調しましょう。この一言で家庭用に対する不安を解消することが出来ます。加えて
夏が近づいてきたので、やるなら早いほうが良いです！
フェイスや指などのムダ毛もケア　好きな時間に最短時間でムダ毛ケア
痛くないとの評価を沢山戴きます　美肌ケアも同時可能　などが訴求ポイントとなります。

男　性

男性といえば「ヒゲ」を連想する方が多いと思いますが、「美意識」の高い男性は、女性と同じ感性で、ムダ毛の悩みを抱えていることを認識し、女性と同じ感覚でご提案ください。

学　生

学生はすでにメインターゲットと考えましょう。学生の場合、大人と違い、ご両親が気にかかっているケースと、本人が気にかかっているケースとに分かれますが、購入元はご両親であることは変わらないので、「特に部活をしているお子さんは夏だと肌の露出も多いし気になるみたいですね！」、「思春期なのでやはり気にかかりますよね」、「お風呂場に新しいシェーバーがあったとか良く耳にします！」のようなトークを行い、共感された方に対して
脱毛サロンと併用する方もいる　痛くないとの評価を沢山戴きます
フェイスや指などのムダ毛もケア　好きな時間に最短時間でムダ毛ケア
美肌ケアも同時可能　家族みんなでシェア
などをご両親に対して訴求します。

アプローチ例

サロンでの「デモ機」の活用方法は、「セルフ脱毛の無料サービス」を企画し、
夏に向けて「セルフ脱毛の無料サービスを行っているので、一度お試しください！」とご案内します。
一番関心の高い「高速連射」は必ず体験していただくようにしましょう！ また、指のムダ毛ケアや口周りの体験も好評です。
なお、美容光を同時に照射しているため、アフターローションの必要がないことを必ずご案内してください。
※この企画を行う際は、お客様用の「シェーバー」が必要です。

高額美容家電の店販例　美顔器

美顔器は、いつの時代も女性を魅了する最強の美容アイテムです。

ただし、美容界はどちらかと言えばヘア用アイテムが強く、それに比べると、美顔器の提案は男性を中心に苦手とする層が存在します。

しかし最近では、男性の〝女子化〟が進んでいるため、男性が美顔器を購入する機会が増えています。今後、大きな成長が期待されます。

美顔器の代表的な使用目的と言えば、次の7つが挙げられます。

①小顔（リフトアップ、むくみケア）
②美肌（うるおい）
③毛穴ケア

④目元ケア
⑤引き締め
⑥しみ、シワ改善
⑦ほうれい線ケア

そのほかリンパケア、首・肩こりの解消にも使用できるため、用途は美顔にとどまらないのが現在の高機能性美顔器の特徴です。

美顔器も他の美容家電同様、サロンで体験してもらうことがもっとも効果的です。美肌に関しては、メイクオフする必要があるため、サロンで展開しやすい製品はリフトケアであり、美顔ローラー系が最も提案をしやすいアイテムになります。

医学と科学は日進月歩で、3年もすると進化した理論とそれに対応する新しい機能が次々に発表されます。美顔器を購入したお客様は、最新型に買い替えることに積極的な人が多いため、定期的に最新型の製品を店頭でご紹介することが求められます。

ヤーマン社の「WAVY mini for Salon」は、かつて大ヒットした美顔ローラーの機能に加えて、ＥＭＳ機能やイオン導入機能を兼ね備えています。ローラー部分をより深くつまめる形状に進化させ、血流をよくするトルネードローラーを採用しており、顔だけでなくあらゆる部位をつまめるようにつくられています。エステティシャンの技術をどうやって機械化するか？　という部分と、ハンドテクニックでは施術できないところを、科学的な効果を融合させることで、家庭でのエステを充実したものにしているというのが現代風です。

仕事やプライベートや家事に追われいつも何かと忙しく、「ゆっくりエステに通う時間が取れない」という女性たちにとって、自宅でビューティを楽しみたいと願う気持ちが低くなることはなく、今後も家庭用エステ機器の需要が減ることはないでしょう。

あらゆるタイミングで、商品を体験いただくことと、美容理論とマシンのテクノロジー、そして使用方法についてしっかりと理論武装をしておくことが重要です。

高額商材の場合、購入の迷いを断ち切るには、使用感だけでなく、効果やマシンのスペックを裏づける知識も必要となります。

美顔器の販売方法

こんな方におススメ!

- リフトアップしたい!
- 小顔になりたい!
- たるみケアに!
- デコルテケアに!
- 口もとケアに!
- シワ改善に!
- ほうれい線ケアに!
- 目元ケアに!
- 潤いケアに!
- 美白ケアに!
- 毛穴ケアに!
- 肌荒れケアに!
- イオン導入機として!
- 首肩のマッサージに!

ワンポイントアドバイス　お客さまへのアプローチ方法

とにかく「EMS」と「トルネードローラー」の体験を!

「Wavy mini」は、滑らせる角度や向きによって、全く異なった体感を与える特許技術「トルネードローラー」と肌への密着度を高める「ウェービング加工」による「つまみ」、「もみ」、「流す」という体感の良さが人気ですが、

「Wavy mini for Salon」は、それに加え下記の **3つの機能** を搭載しています。

- 高周波・低周波EMS（業務用に使用される正弦波形）
- マイクロカレント（きめケア・毛穴ケア・肌荒れケア）
- モイスチャーパルス（イオン導入効果）

勧め方

シャンプー後のマッサージ時に使用すると自然なデモンストレーションが可能です。
サロンでのデモンストレーションで、より体感できる部位は下記の通りです。

HOW TO

※目もとはデモに不向き

フェイスライン（フェイス）

1. 首すじにそって上から下へ。
2. 額からこめかみに向かってジグザグに。
3. 口角から耳の横へ。
4. フェイスラインから耳の横へ。
5. 首すじにそって上から下へ。

口もと（フェイス）

ローラーでお肌を持ち上げるようにします。

デコルテ（フェイス）

1. 鎖骨にそって内から外へ。
2. 首すじにそって上から下へ。
3. 首の付け根から外側へ。

目もと（マイクロカレント）（モイスチャーパルス）

ローラーでお肌を持ち上げるようにします。1つのローラーのみを目もとの内側から優しく動かします。もう一方のローラーは指をそえ、顔から浮かせてご使用ください。

※お顔や首肩での体験を嫌がるお客様には、「腕」での体験をお勧めします。
※首・肩での体験が一番お勧め!

6章

店販と仲よくつき合おう

「私達は物売りじゃない」という思考から卒業しよう

店販活動がうまくいかなくなると、「ていうか、美容師は物売りじゃないんで……」と言いたくなってしまう気持ちは理解できます。ただ、理解はできますが、そもそも見当違いな意見なので、これについては意識革命を起こしましょう。

物があふれる現代社会は、「モノ」より「コト」と言われます。中国からの訪日観光客も、はじめは「爆買い」に代表されるように「モノ」の購入からはじまりました。しかし、豊かになって所有欲が満たされると、「体験」や「結果」などの「コト」へと関心が移ります。日本ではモノを売る時代はとっくに過ぎており、これからは最低でも「コト」でなければお客様の購買意欲は反応しないのです（次世代の消費スタイルは「トキ」と言われています）。

◇「モノ営業」と「コト営業」の違い

わかりやすいように、「炊飯器」を例に解説してみましょう。仮に私が「象印」の営業だとして、それぞれの営業トークを比較してみてください。

「この炊飯器は内釜が南部鉄器でつくられていて、121通りの炊き方が選べます。40時間までおいしく保温ができますし、本体に凹凸が一切ないので汚れを拭き取りやすく、お手入れも簡単です。さらに省エネ設計で、家計にもやさしく、非常に軽くてコンパクト。スペースにゆとりがないご家庭でも問題なく収納できます」

さて、どうでしょうか？　これは、炊飯器を「モノ」として紹介した例です。

次の営業トークはいかがでしょか？

「この炊飯器で炊いたご飯がこれです。どうぞ召し上がってください。（実際に炊いたご飯を試食してもらいながら）この炊飯器は料亭のような火加減と高圧力で釜炊きし、お米一粒一粒を躍らせることでお米のハリを向上させ、見事に料亭の炊きあがりを再現しています。さらに121通りの炊き方を選ぶこともできるので、毎日のご飯をお好みの食感で楽しむことができます」

炊飯器を「モノ」として扱わず、料亭レベルのおいしいご飯を再現してくれる「道具」として紹介しました。そして「その道具で炊き上げたおいしいご飯がこれです」と、炊き上げたご飯を試食していただきます。このご飯を食べたとき、「上品な口当たり、香りと甘み……本当においし〜い」と感じたお客様は、炊飯器のスペックなど、どうでもよくなっていることでしょう。単純に「この炊飯器でお米を炊いて、毎日の食事を楽しみたい！」という気持ちになっていると思います。結果として、このご飯を食べたければ「道具」であるこの炊飯器が必要になるので、購入に至ります。

これが「コト」を売るということです。つまり、「コト」を売るとは、「結果」を楽しんでもらうことです。

では、美容室に置き換えるとどうなるでしょうか。

お客様はサロンでの仕上がりを自宅でも再現したいと願います。「今日1日だけのキレイ」で十分という人はひとりもいないはずです。でも、「自宅では美容師さんみたくうまくスタイリングできないし、トリートメント直後の質感は、しばらくするとなくなってしまう。何とか自宅でも持続（再現）できないかしら?」と思うのが自然でしょう。

そんなとき、「この道具をこのように使うと、ご自宅でもサロン帰りに近い状態をキープできますよ!」と、お伝えしたらどうなるでしょうか? 全員とは言いませんが、一定数のお客様は、予算が合えば「じゃあ、いただくね!」となるに違いありません。

「物売り」は商品を売り込みますが、「コト売り」は結果を売ります。使った後でどのような嬉しいことが起きるか? それを「売り込み」ではなく、「親切心」「サービス」としてお伝えする。これが美容室の店販です。

私は店販を、自宅でのキレイを実現する「道具」だと断言しています。スタイリングも、ヘアケアも、美容機器も、すべてが自宅でのキレイを応援してくれる道具なのです。だから、美容師さんは一人ひとりのお客様に、ぴったりの道具をプロの目で選んであげてほしいと思います。

10人中8人に断られても購入比率20%達成！

目指すのは、購入比率20%！

私が店販のアドバイスをはじめてからおよそ26年（2019年現在）たちますが、私の経験上、どんなサロンでも購入比率（来店客数における購入割合）20%までは達成が可能です。ただ、大半は購入比率50%で頭打ちとなります。まれに50%を超えるサロンもありますが、それはもはや「技術やデザインを提供するヘアサロン」ではなく、物販を本業とした別の事業体と呼ぶのが適当かと思います。

また、購入比率が50%を超えるサロンの中には、新規客の来店がほぼ見られず、固定客のみで営業されるサロンも含まれます。

私の提案する店販購入比率20%とは、再来率を落とさず、絶えず新規客が来店する状況下での数字です。この数値が必ず達成できる〝第一目標〟だと考えると、美容業界における店販の売上埋蔵量はとてつもなく大きいと言えます。

私があくまでも〝購入比率〟の拡大を目指すのは、一般市場から美容品のシェアを取り返したいからです。美容業界内での売上の奪い合いは卒業し、美容業界外から売上を奪い返すことこそが、近未来の美容業界の繁栄につながる、というのが基本的な考えです。


ところで、「目指せ！　全店購入比率20％！」と盛り上がっていると、「そんな数字、無理じゃないですか？」と疑いの目を向けられることがしばしばありますが、それでも私は、必ず達成できるだろうと考えています。何しろ、店販ではシャンプー・トリートメントだけでなく、頭部に関するすべてのアイテムを専門的に取り扱うことができますし、「肌」というカテゴリーで追えば、化粧品からボディケアまでを網羅し、美容家電はあらゆる部位に効果的なアイテムが存在しています。今後は健康というカテゴリーも美容業界のテリトリーになる可能性があります。

これだけの取り扱い範囲があれば、目標を達成できないほうが不思議ではないでしょうか。

ただ、今現在の購入比率が10％に満たないサロンから見れば、20％超はあまりに高い目標に見えてしまうようです。そんな方々に、私は次のようにお伝えします。

積極的に10人中8人に断られよう!!

何と、よく考えてみれば**10人中8人に断られても「達成」してしまうのが、購入比率20％の意味するところ**なのです（この話をすると、多くの美容師さんの目が急に輝き出します）。

そうなんです。

皆さんのことが大好きで来店するお客様に、きれいになりたくて来店してくださるお客様に、今使っているさまざまな美容商品を買い替えていただく。

それも、10人のうち2人にだけ。すると、見事に目標を達成してしまうのです。

ちなみに、10人中7人に断られると、購入比率30％という望外の数字になってしまいます。目指すのに1円のお金もかかりません。一緒にやってみませんか？

「高い商品＝悪」ですか？「プライス」に負けない美容師になろう！

美容師さんの中には、「自分の価値観（財布）」と「お客様の価値観（財布）」を一緒にしてしまい、「金額の高い商品をお勧めする＝悪」という方程式が成り立っている方がいます。

所得の低い20代前半なら理解もできますが、ある程度の年齢と収入に達しているベテランさんにまでそういった方がいるのは問題だと思います。

ここでは、「価格」と「価値」について解説をさせていただきます。

まず、「価格」とは、「価値」を表現するひとつの単位です（他に「時間」という価値が存在します）。

お客様は「価値がある」と思った「モノ」や「サービス」に対して、自らの価値観に従ってふさわしいお金を支払います。逆に「価値がない」と思った「モノ」や「サービス」に対してはお金を惜しみます。

また、「価値観」とは人それぞれ固有のものであり、他人にとやかく言われたり、指摘を受けたりすることを、人は快く思いません。相手の「価値観」をいたずらに評価してはいけない。これは大人のマナーと言えます。

ところが、美容師さんの中には「そんな高い商品、私なら絶対に買わない」などと言って、決してお客様に勧めようとしない方がいます。「私なら絶対に買わない」のはそれぞれの自由でいいのですが、その価値観をお客様に押しつけることには問題があります。

つまり、「高いものを勧められるのはお客様だって迷惑に違いない」という価値観の押しつけは、逆に言えば「安いものならば勧められても迷惑ではない」、もしくは「安さこそ優先順位の上位条件だ」という偏った価値観にもなりかねません。

皆さんはお寿司屋さんに行ったとき、唐突に「並でいいでしょうか?」と低価格のメニューを勧められたり、レストランで何の前触れもなく「リーズナブルなワインのメニューリストです」と案内をされたら不愉快ではないでしょうか?

価値観を押しつけるということは、こうした問題を引き起こします。

仮に「高いなぁ」と思っても、それは自分の価値観に過ぎず、お客様には関係のないこと、という切り替えが必要です。

その商品を「高い」と思う皆さんにとっては「高い価格」なのかもしれませんが、その価値を認める方にとっては「適正」であり、むしろその価格であることが所有する喜びにつながっているケースもたくさんあるのです。

美容師さんには、「価格」に対して常にニュートラルなポジションを保つようにしていただきたいと思います。

高級ブランドの販売員は価格に対してニュートラル

最高級ブランドのひとつである「エルメス」の販売員は、自分の持ち物すべてをエルメスブランドで統一しているわけではありません。自分で購入するのが難しいような金額の商品もたくさんあるはずです。

しかし、販売員の方々は自分の価値観や所得レベルを、お客様に押しつけることは決してありません。その価値を認めて「欲しいと」思うお客様や、「欲しい」と思っていただける可能性のあるお客様に対し、エルメスらしい対応をすることに専念しています。

シャンプーは「日用品」ですか？　それとも「美容品」ですか？

シャンプーが「洗浄」だけを目的とした「日用品」なら、1000円以上の金額をお客様に出させるのは、さすがの私も気が引けます。しかし、美しさを創り出す「美容品」だと思えば、それはある意味で「贅沢品」なのですから、それなりの金額を支払っていただきたいと思います。

もちろん、美容の技術にも同じことが言えます。

たとえば「カット」というメニューが、「髪が伸びたからやむをえず切る」という日用品の扱いなら、安ければ安いほど好都合でしょうが、「自分の見た目の印象を決める最重要ファッション」だと考えれば、それは「贅沢品」ですから、ちゃんとした金額をちゃんとしたサロンで支払いたいと思うのではないでしょうか？　少なくとも「安さ」が優先順位の第一位になることはないはずです。

美容師さんが提案する店販品は「美容品」であり「贅沢品」です。そして、その価値を理解しているお客様は数多く存在します。

美容師さんは押し売りしてる？

勝手に勧めて、断るのを許さない

ほとんどの美容師さんは、「物売りだと思われたくない」と言いながら、実際には長年にわたって「押し売り」を続けてきました。

こう言ったら驚くでしょうか？

私の言う「押し売り」とは、「勝手に勧めておきながら、断るのを許さない」精神性を指します。

多くの美容師さんは、お客様に「店販の話をしてもいいですか？」と伺ってから商品の話をはじめるわけではないでしょう。いつでも自分のタイミングで話をはじめているかと思います。これが「勝手に勧めた」ということになるわけですが、勝手に勧めること自体が悪いわけではありません。

それは一体どういうことなのか？　まずは少し、私の話を聞いてください。

一生懸命、商品の必要性をお伝えしたものの、残念ながらお客様は「欲しい」という気持ちになれなかったのでお断りになった、とします。

すると……例のあの「キマズイ雰囲気」が漂います。

なぜ気まずい雰囲気になるのかと言うと、要するに「がっかり」してしまっているのです。「がっかり」は言うならば、「買って欲しかった」という感情の裏返しです。

この「がっかり」がやがて「ふて腐れ」に発展する場合があります。「何で買ってくれないんだ！」と、まるで買わないお客様が悪人のように思えてしまうのです。

その結果、「店販嫌い」の美容師さん（アシスタントだけでなくスタイリスト、果てはオーナーまで）がたくさん誕生してしまいます。

本来、美容の仕事に「嫌い」なことがあっていいはずがないのですが……。「カウンセリング嫌い」は許されないのに、「店販嫌い」は許されてしまいます。挙句の果てには、「私は美容師であって〝物売り〟ではない」というお決まりの文句が口を突いてしまいます。

自分の努力が報われないと悲しむ精神性

私は「店販」には、「親切」や「小さなおせっかい」という側面があると思っています。つまり、勝手に勧める行為を「親切」と捉えているのです。

たとえば、電車内で年配の方に席を譲るという行為は、「求められてそれに応える」ものではありませんね。あくまでも「善意」で勝手に立ち上がり、相手の意思など確認せず、半ば強引に席を譲ろうとする行為です。

これを相手が「ありがたい！」と受け止めてくれれば「親切」は報われますが、「次の駅で降りますので結構です」と拒絶される場合もあるでしょう。

そこで「せっかく席を譲ってやったのに、何であなたはありがたく受けてくれないんだ！」と怒り、「だから席を譲ったりするのは嫌なんだよ〜」とふて腐れたとしたら、この親切は一体なんだったのでしょうか？

また、「次の駅で降りますから結構です」と断られたときに、「そうですか……」と暗い反応をしてしまったら、席を譲られた方だけでなく、周囲の人までも気まずい気持ちになるのではないでしょうか。

では、この席を譲る行為のどこに問題があるのでしょうか？

「親切」は自分から一方的にするという点に意味があり、決して「報い」や「見返り」を期待してはいけないこと――私はそう考えています。

座席の件で言えば、「譲りたくて声をかけた自分の勇気」そのものが、自分自身にとって誇れる行為だった。それがたとえ相手に受け入れてもらえなくても、実行できた自分自身を誇りに思う。つまり、真の親切は相手と切り離して考えるべきことだと私は考えています。

美容師さんは職業人の誇りとして、お客様をきれいにするアドバイスをしたかった！それだけでいいのではないでしょうか？　仮に売れなくたって、断られたって、美容師として美のアドバイスをしている自分が誇らしい！　それだけで美容師として美しいと、私は思います。

商品の話をするにあたっては、「見返りを求めない」ことと、「この親切は報われなくてもよい」ということを前提にしましょう。結果として、皆さんが思っている以上にお客様が応えてくれることを私は知っています。

ただ、相手の心に届く表現や伝達方法については工夫しなければなりません。相手の心にどのように届けるか、その努力も「親切」に含まれると考えてください。

ご紹介できるだけでありがたい！

商品をお勧めした結果、お客様から「結構です！」と断られたときの美容師さんほど、見ていて辛いものはありません。断られた後のイヤ～な空気から離れたいがために、電話が鳴ると「チャンス！」とばかりに受付に飛んでいく……。

さて、ここでは一般の営業職の方々の話をご紹介させてください。少し耳の痛い話もあるかもしれませんが、ちょっとだけ我慢して読んでいただけたら嬉しいです。

提案させてもらえるのは、ありがたいこと

一般的に営業職に携わる方々は、商品やサービスの「紹介」をさせていただくまでに、大変な苦労が伴います。飛び込みセールスをしては門前払いといったことを繰り返すうちに、精神的に参ってしまう人も多くいます（実は私も飛び込みは大嫌いです）。

そんな中、まだ買ってくれるかどうかはわからないけれど、話だけでも聞いてくださるお客様に出会うと、その方が神様に見えてきます。

だから、商談では「お忙しいのにお時間をいただき、本当にありがとうございます」とお礼からはじまりますし、仮に断られたとしても「今日は、機会をいただきまして本当にありがとうございます。次はお客様に喜んでいただけるようなご提案をしますので、その際はまたよろしくお願いいたします」と、丁重にお礼を述べて終わります。

この出会いをきっかけに関係を深められれば、それだけでもありがたい！　と、本気でお礼ができるのです。

営業ではこうして出会ったお客様を「見込み客」と呼んで大切にします。見込み客は財産だと言う人もいるほどです。

1年間、カットが禁じられたら？

しかし美容室では、商品を紹介しようと思えば、誰にでも話ができるわけです。言わばお客様全員が見込み客という状態ですね。だから、話を聞いてもらえる状況に感謝などしている人はほとんどいないことでしょう。むしろ、断られたときに気まずい空気になるということは、深層心理に落胆と不満、そしてわがままが感じ取れます。

ここで私が絶対にわかっていただきたいのは、**商品をご紹介させていただけるのは、それ自体がありがたいことなんだ**と本気で思うことの大切さです。

商品のご紹介という、美容師として大切なサービスのひとつをまっとうさせていただける、それだけで感謝です。

たとえば、あなたがスタイリストなら、1年の間、カットを禁じられることを想像してみてください。1年後、ようやくその禁が解けて入客を許されたとき、「カットさせていただけるんですか?」と感激に震えながら仕事に入る——そんな瞬間をイメージしてみていただけないでしょうか。この謙虚さと感謝こそが、店販への心構えだと私は考えています。

最高の断られ方を見つけよう！

商品をお勧めして断られる、これはおよそ80～90％の確率で起こりうることです。美容師さんはこの「断られた」を、「拒否された」と受け取ってしまうようです。

ここでちょっと考えてみてください。

わかりやすく、恋人同士の会話でたとえてみますね。

ある日、彼氏が「ご飯食べに行かない？」と彼女を誘ったとします。この誘いに対し、「ごめん、今日は疲れたから家に帰る」と答えたとします。普通、これを自分の存在に対する「拒否」とは受け取らないですよね。そこで「何で拒否するんだよ、もう二度と誘わないぞ」となったら、この彼はわがままで身勝手です。

バツが悪いのは実は断ったお客様だった

さらに考えてみてください。親しい間柄で、あるお誘いを断るとき、「誘った側」と「断る側」では、どちらがバツが悪いでしょうか？　多くの場合、その誘いが善意であればあるほど、「断る側」のほうがバツが悪いに違いありません。なぜなら、せっかくの善意に応えられない場合、まるで恩を仇で返したかのような感情を抱いてしまうからです。

このようなことから、親しいお客様に対し善意で店販をお勧めした場合、断られた美容師さんより、断ったお客様のほうがバツが悪い状況に置かれます。

ここで人と人がハッピーの輪でつながる、ちょっとした極意をお伝えしましょう。「返報性の法則」をご存じですか。人から何かをしてもらったら、お返しをしないと申し訳ない気持ちになります。このような心理作用を、返報性の法則と言います。日本人特有の義理人情のようなものです。

この法則を店販に活かすには、「気持ちよく断られる」ことが何よりも大切です。お客様に断わられたら、にこっと笑って「**わかりました！　いつも私の話に耳を傾けてくださり、ありがとうございます！**」と、勧めたときの倍の笑顔で、すがすがしく断られてください。すると、不思議なものです。「今回はごめんね。今度つき合うから」と、なっていくものです。

「お断り」ではなく「見送り」

最後に究極的なお話をしましょう。美容室に限らず、お客様が商品やサービスを買うと決められない一番の理由は何だと思いますか？

実は、**急に言われても決めきれない**というのがその答えです。

皆さんもお客様の立場になるとわかりますよね。デパートの中をぶらぶらしていて、たまたま入ったお店の店員さんに、「すごくお似合いですよ」と勧められても、購入目的で来たわけではないので、いきなり買うとは決められませんよね。

同様に、多くのお客様は美容室には髪型をつくりに来ており、商品を買いに来たわけではありません。来店目的と違うものを急に勧められても、今日のところはパス（買うか買わないかを決められません）、としか受け答えようがありません。これは「お断り」というより、「見送り」と表現したほうがしっくりきます。

店販を断られて落ち込むことが、いかに無意味か、ご理解いただけたでしょうか。

店販というと、勧め方ばかりが研究されてきたように思います。でも実は、「断られ方」をも研究することが、次の、さらにその次のチャンスにつながっていくのです。

せっかくなら、「最高の断られ方」を研究してみませんか?

そうすれば、店販を買ってくださったお客様は使用感を通じてハッピーに。店販を買わなかったお客様も、「断ったのに、私を気遣ってくれてありがとう!」と優しい気持ちになり、これもまたハッピーに。どちらにしても、店販を通じて関係性が良化することにつながります。

店販は、断られ方を研究するだけで、お客様と最高の関係になれる可能性を秘めたサービスなのです。令和の店販は、買ってくれても、くれなくても、関係性の向上が目的になります。そしてそれは、断られてがっかりする自分の気持ちにフォーカスすることがなくなり、いつだってお客様の気持ちにフォーカスする、絶対的なお客様への愛情が元になることだと考えています。

店販はお客様と最高の関係になれるサービス

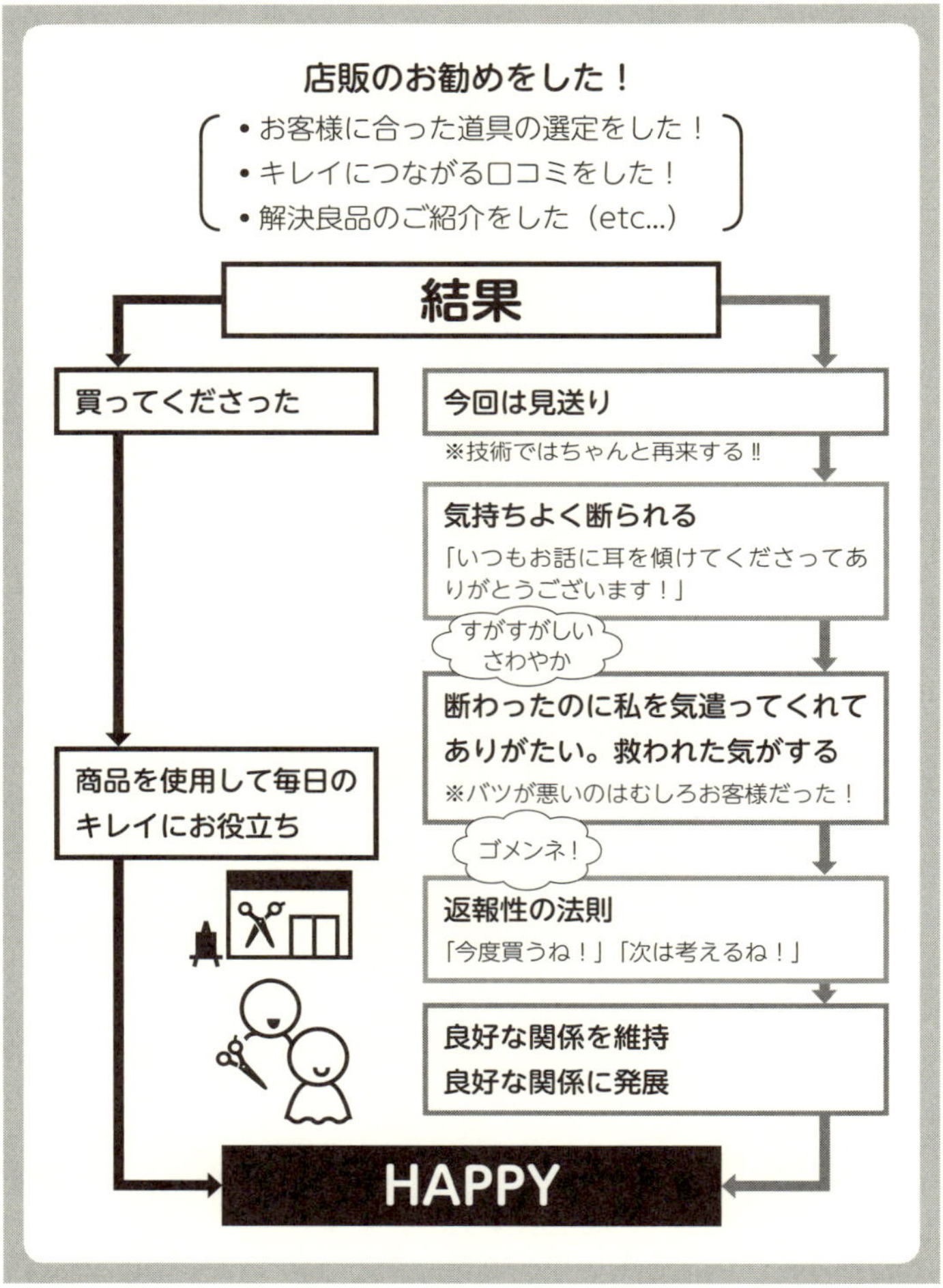

「しなければならない」ではなくて「してあげたい！」

店販は「義務」「責任」「使命」じゃない！

美容界には、古きよき時代の教えが根強く残っているような気がします。もちろん、伝統として引き継いでいかなければならない大切な教えはたくさんあります。ただ、店販に関してだけは、忘れていただきたい古い教えもあるのです。

これからの店販には、売れなかった時代の古びた教えを引き継いでいく必要なんてありません。

私が教わった中で、最も捨てたほうがいいと思う教えとは……

店販は美容師の「義務」だという教えです。

店販は美容師の「責任」だという教えです。

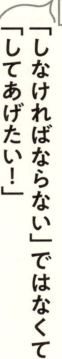

店販は美容師の「使命」だという教えです。

そんな窮屈な世界に「店販」という仕事を押し込んでは、絶対にダメです。

特に私が皆さんにお伝えしたいのは、そもそも、美容業界に「しなければならない」という考え方はマッチしないということです。

お客様をきれいにしなければならない。

気持ちよいシャンプーをしなければならない。

皆さんは美容師として、こういった考えで仕事をしたことがあるでしょうか？　冷静に振り返ってみると、店販だけが「しなければならない」という義務感で行なわれていたのではないでしょうか？　美容業界が店販とよいつき合いをして来られなかった理由は、この辺りにあるように思います。

◯店販を「してあげられる」サービスのひとつと考えれば楽しめる

私の知る多くの美容師さんは、お客様を

「きれいにしてあげたい！」

「カッコよくしてあげたい！」

「気持ちよくしてあげたい！」

「若々しくしてあげたい！」

という気持ちで仕事をしています。

そうです！

こんな感じで、すべての仕事を「してあげたい！」という親切心やサービスの感覚でやったほうが、しっくりくるのではないでしょうか？

どんな人も、「しなければならない」ことを楽しんで継続できるほど、器用ではありません。

美容師という職業にも、同じことが当てはまります。だから、大好きなお客様に、もっともっときれいになっていただくためのサービスとして、「店販の提案もしてあげようかな？」と思えたなら、店販は喜びの仕事に変わるはずです！

なぜなら、美容師さんは、「お客様のために何かをしてあげられることを、自分の喜びとして生きることができる職業人」だからです。

著者略歴

佐藤康弘（さとう　やすひろ）

株式会社ジャストケアコミュニケーションズ代表取締役／合同会社ブルーウォール代表
サロン専売メーカーのナンバー２として10年にわたり組織を率いたのち、2007年９月に独立。翌2008年「店販売上アップ」「後継者育成・幹部育成」「経営力向上」を目的としたJCCアカデミーを開校。現在までに８万人を超える受講生の教壇に立ち、毎年150回を超えるセミナーの依頼を受ける。
サロン経営をボードゲームで学ぶ体験型研修「スモールサロン」、幹部の人的魅力を鍛えるゲーム型ロールプレイング研修「リード・ザ・サロン」の開発を手掛ける。
セミナー、個人面談、体験型（ゲーム型）研修という３つの教育プランを駆使し、美容界の人財開発を手掛けるトップランナー。完全現場主義者で、すべてが具体論で展開されるセミナー、個人面談に多くのファンがいる。国内人気メーカーのアドバイザーや講師を歴任し、今では海外にも活躍の場を広げている。経済産業省より「経営革新等支援機関」の認定を受け、経営コンサルタントとしても活動中。著書に『美容室「幹部」の教科書』（同文舘出版）がある。

●問い合わせ先　株式会社ジャストケアコミュニケーションズ
〒114-0011　東京都北区昭和町1-2-20　尾久駅前ビル
TEL：03-5901-5723
HP：http://www.jc-communications.net/

最新版　美容室「店販」の教科書

2019年９月12日　初版発行

著　者 ―― 佐藤　康弘

発行者 ―― 中島　治久

発行所 ―― 同文舘出版株式会社

東京都千代田区神田神保町1-41　〒101-0051
電話　営業03（3294）1801　編集03（3294）1802
振替00100-8-42935　http://www.dobunkan.co.jp/

ISBN978-4-495-59812-9

印刷／製本：萩原印刷
Printed in Japan 2019